Gail MacDonald

Auf starken Armen trägt er uns

Warum wir Gott jeden Tag vertrauen können

R. BROCKHAUS VERLAG WUPPERTAL

Die amerikanische Originalausgabe erschien
unter dem Titel IN HIS EVERLASTING ARMS
bei Vine Books, einem Imprint von Servant Publications,
Ann Arbor/Michigan

Deutsch von Christiane Vorländer

Die Bibelzitate wurden der Übersetzung »Hoffnung für alle«
(Brunnen Verlag Basel und Gießen) entnommen.

Umschlaggestaltung: Ursula Stephan, Wetzlar
Umschlagfoto: H. G. Rossi – ZEFA, Düsseldorf
Gesamtherstellung: Breklumer Druckerei Manfred Siegel KG
ISBN 3-417-11289-3
Bestell-Nr. 111 289

INHALT

Danksagungen

Unserer Tochter Kristy und meiner Freundin Joanna bin ich sehr dankbar dafür, dass sie dieses Buch mit liebevollem Blick auf seine Lesbarkeit überprüft haben. Eure Unterstützung war eine große Hilfe für mich.

Und ich danke Gordon, meinem Mann, mit dem ich fast vierzig Jahre verheiratet bin. Ich hätte dieses Buch gar nicht begonnen ohne deinen liebevollen Anstoß. Danke für deine Ermutigungen zwischendurch und die aufmerksame Sorgfalt, mit der du dich den kleinsten Details des Manuskriptes gewidmet hast. Deine reife Persönlichkeit ist für mich jeden Tag ein lebendiges Beispiel für einen Menschen, der sich von Gottes starken Armen getragen weiß. Dieses Buch ist unser gemeinsames Werk. So wie die vielen anderen Kapitel unseres Lebens, die wir bereits zusammen »geschrieben« haben.

Ich freue mich, dieses Buch folgenden Menschen widmen zu können:

Unseren Kindern Marc und Patty MacDonald und Kristy und Tom McLaughlin.

Und den Menschen, die mich und meinen Mann durch ihre Gebete unterstützen und tragen: Joanna Mockler, Lourine Clark, Janet Avery, Lois Wells, Keith und Judy Fredrickson, Doug und Bev Nelson, Frances Madison, Alice Pinard, Karen Mains, Donna MacLoed, Charlotte Demetri, Betsy Ryder, Lois Farrell, Lena Napalitano, Jean Merrill, Pat Spaziani, Susan Shaeffer, Judy Long und Nan McCullough.

VORWORT

Hast du schon mal auf den Gesichtsausdruck eines Kindes geachtet, das von seiner Mutter oder seinem Vater getragen wird? Es ist ein Bild völliger Entspannung. Die Eltern blicken nach vorn und können sehen, wohin sie mit dem Kind gehen. Das Kind kann über die Schulter nur wahrnehmen, woher sie kommen. Aber eines weiß es: Auf diesen Armen bin ich sicher und geborgen.

Ich kenne einige Menschen, die in den unruhigen Zeiten ihres Lebens genau dieses Vertrauen in Gott hatten. Sie konnten noch nicht sehen, wohin ihr Weg führt. Aber sie hatten bereits vor ihren schwierigen Zeiten gelernt, Gott zu vertrauen. Ich erinnere mich zum Beispiel an eine Frau Ende Vierzig, deren ganzer Körper von Krebs befallen war. Nach jedem Zusammensein mit ihr fühlte ich mich mehr dazu ermutigt, Gott zu vertrauen. Sie sagte immer wieder, dass es ihr gut ginge. »Mach dir keine Sorgen um mich. Gott begegnet mir ständig auf neue, erstaunliche Weise. Ich bin geborgen in seiner Fürsorge.« Solche Gespräche haben wir nicht einmal geführt, sondern oft. Gottes starke und zuverlässige Arme haben sie gehalten. Ihre Fähigkeit, diese Gewissheit festzuhalten, machte es auch ihrer Tochter auf dem College leichter, mit der Situation umzugehen. Auch sie ließ sich von Gott Kraft schenken.

Seit dem Beginn der Geschichte Gottes mit dieser Welt, streckt er seiner Schöpfung in Liebe die Arme entgegen. Mose erinnerte die Israeliten daran:

»Denkt doch an die vergangenen Zeiten! Ist jemals etwas so Wunderbares geschehen wie das, was ihr erlebt habt? Wird irgendwo Ähnliches berichtet, seit Gott den Menschen geschaffen hat? Auf der ganzen Erde werdet ihr nichts Vergleichbares finden! (...) Oder hat ein Gott jemals versucht, ein ganzes Volk mitten aus einem fremden Land herauszuholen und es zu seinem Eigentum zu machen – so wie der Herr, euer Gott, es

mit euch in Ägypten getan hat? Vor euren Augen bewies er seine Macht durch große Wunder, er versetzte eure Feinde in Angst und Schrecken und kämpfte selbst für euch mit mächtiger Hand und starkem Arm. So habt ihr seine große Stärke erfahren.« (5. Mose 4,32+34)

Immer wieder waren die Bilder »Gottes Hand« und »Gottes Arm« für die Israeliten ein Zeichen für Gottes Versprechen, sie zu versorgen und zu beschützen. *»Mit starker Hand werde ich die Ägypter strafen und mein Urteil an ihnen vollstrecken. Euch aber werde ich retten. Ich nehme euch als mein Volk an, und ich will euer Gott sein« (2. Mose 6,6-7).* Diese Worte zeigen, dass Gott und sein Volk zusammengehören. Damals wie heute sollen wir wissen, dass wir wirklich und unwiderruflich Gottes Kinder sind. Seine liebevolle Zuwendung und Fürsorge uns gegenüber wird niemals aufhören.

Kurz bevor er starb, gab Mose den Israeliten als Trost mit auf den Weg: *»Er, der ewige Gott, breitet seine Arme aus, um euch zu tragen und zu schützen« (5. Mose 33,27).* Beim Studium des Bildes »Arm Gottes« im Alten Testament stellte ich fest, dass es sich wie ein roter Faden durch alle Bücher zieht. Dieser Arm ist nicht schwach, er ist stark und mächtig. Welche Größe, wenn man so stark ist und doch so unendlich sanft sein kann! Und genau darauf möchte ich unsere Gedanken richten. Ich kann mir kein schöneres Bild dafür vorstellen als das von Jesaja: *»Die Lämmer nimmt er auf den Arm und hüllt sie schützend in seinen Umhang« (Jesaja 40,11).* Wir können dieses Verhalten auch bei Jesus sehen. *»Dann nahm er die Kinder in seine Arme, legte ihnen die Hände auf und segnete sie« (Markus 10,16).*

Ich habe mich nicht aus theoretischem Interesse mit diesem Thema beschäftigt. Mein Mann Gordon und ich haben am eigenen Leib erfahren, was es bedeutet, von diesen starken Armen gehalten zu werden. Sie waren immer da, wenn wir vom Leben gebeutelt wurden. Diese Erfahrung kann man anderen schwer erklären. Aber du weißt einfach, dass da jemand ist, der dich hält, wenn innerlich alles einzustürzen droht.

In diesem Buch wirst du vielen Menschen begegnen, die sich ganz auf diese Arme verlassen haben. Gottes sanfte, immer offene und starke Arme sind *auch heute noch* unsere Zuflucht und Kraft. Eine wirkliche Hilfe in Zeiten der Not. Und das kann auch für dein Leben wahr werden – heute und für alle Zeit. Möge die Freude darüber dein Herz erfüllen, wenn du dieses Buch liest.

Canterbury, New Hampshire — Gail MacDonald

Teil 1

Ein Blick in das Herz Gottes

Es ist schwierig, Gott zu vertrauen, wenn wir sein Wesen nicht verstanden haben. Dann geraten wir auf der Reise unseres Glaubens leicht ins Stolpern. Ich hoffe, dass dein Herz beim Lesen des ersten Teils dieses Buches die Bewegungen von Gottes Liebe, Weitblick, Gnade, Wahrheit, Majestät, Macht und Vergebung spüren kann. Lass dich darauf ein. Dein himmlischer Vater sehnt sich sehr danach, ganz persönlich mit dir zu reden. Ich wünsche dir, dass du dies immer mehr spüren und begreifen kannst.

Es kann sein, dass unser Verständnis von Gottes Liebe in Lebenskrisen ins Wanken gerät. Wenn ich über die dunklen Zeiten in meinem Leben nachdenke, merke ich, wie sehr es mir geholfen hat, ganz sicher zu *wissen*, dass Gott gut ist. Und dass er in allen Situationen für mich sorgt.

Was für einem Gott folgst du? Kann er zuhören, antworten und dir mit Stärke und Mitgefühl beistehen? Wir können alles beim Alten lassen in unserem Leben. Wir können uns aber auch dafür entscheiden, über den eigenen Horizont hinaus auf Gott zu schauen, der uns mit seinen starken Armen liebevoll halten und stützen will. Wenn wir uns darauf einlassen, werden wir seine Liebe intensiver erleben, als wir je zu träumen gewagt hätten.

Deine Treue gilt für alle Zeiten.
Durch sie erhältst du die Erde,
seitdem du sie ins Dasein gerufen hast.
Himmel und Erde bestehen bis heute, weil du es so willst,
denn dir muss alles dienen. (Psalm 119,90-91)

1. Vertrauen in Gottes unsichtbare Hand

Gott sagt: »Meine Gedanken sind nicht eure Gedanken, und meine Wege sind nicht eure Wege. Denn wie der Himmel die Erde überragt, so sind auch meine Wege viel höher als eure Wege und meine Gedanken als eure Gedanken.« (Jesaja 55,8-9)

Als ich begann, Christus nachzufolgen, hatte ich keinen geistlichen Mentor, der mich begleiten konnte. Dafür fand ich umso mehr Vorbilder, die zwar bereits gestorben waren, aber deren Hilfe ich durch Bücher erfuhr. Sie sind bis heute meine Freunde. Durch sie habe ich eine Ahnung davon bekommen, wie es im Herzen Gottes aussieht.

Eine solche »Freundin« war Amy Carmichael. Ihre beeindruckende Einstellung Gott gegenüber hat mich dazu gebracht, geistlich wachsen zu wollen. Sie war eine Frau, die tief innen *wusste,* was es heißt, in Gottes Armen Ruhe zu finden. Amy hat über fünfzig Jahre ihres Lebens in Indien verbracht. Sie gründete dort eine Gesellschaft für Kinder in Not. Hunderte von Kindern fanden unter ihrer Leitung einen »sicheren« Ort.

Nachdem sie über dreißig Jahre engagiert für Gott gearbeitet hatte, erlitt Amy einen schweren Unfall. Die letzten zwanzig Jahre ihres Lebens verbrachte sie ans Bett gefesselt. Von dort aus beaufsichtigte sie jeden Tag die Aktivitäten der Dohnavur-Gesellschaft. Und von dort aus schrieb sie ihre bedeutendsten Bücher. Amy warnte vor falschem Groll, wenn es um ihren Unfall ging. Tatsächlich hätten die Folgen sehr viel schlimmer sein können: Der Lastwagen, der sie die fünfundsiebzig Kilometer zum nächsten Krankenhaus brachte, wäre aufgrund des schlechten Wetters fast in eine Schlucht gestürzt.

Einmal erinnerte sie sich mit folgenden Worten an den Unfall:

»Wenn der Lastwagen nun wirklich umgekippt wäre, hätten wir dann gesagt, das Gebet sei nicht erhört worden? Es hieße, die Liebe und Weisheit unseres Vaters klein zu machen, wenn man fordern oder erwarten würde, dass die Antwort nach unseren Wünschen und nicht nach seiner Weisheit ausfiele. Wir können doch kaum einen Meter weit in die Zukunft sehen. Vor unserem Gott dagegen liegt die Ewigkeit ausgebreitet wie ein Teppich. Es muss der himmlischen Familie, die Gottes guten Ziele kennt, merkwürdig vorkommen, dass wir seine Liebe überhaupt in Frage stellen. Oder ein Gebet unbeantwortet nennen, nur weil die Antwort anders ausgefallen ist, als wir sie erwartet haben. Ist ein »Nein« denn keine Antwort? Und wenn ein Unfall wirklich tödlich endet, so bin ich versucht hinzuzufügen: Ist der Himmel denn keine Antwort?«[1]

Dieser Einblick in Amys Sicht von Gott ist eine Herausforderung für jeden. Trotzdem gibt es auch unter Christen Menschen, die das Tun von Gottes gnädiger Hand ganz anders einschätzen. William Barclay, ein englischer Theologe, schrieb Kommentare zur Bibel, durch die in vielen Gläubigen die Liebe zu Christus tiefer wurde. Aber manchmal erregte er auch Anstoß. Nachdem seine einundzwanzigjährige Tochter und ihr Verlobter bei einem Segelunfall ertrunken waren, wurde er eingeladen, bei der BBC über den Unfall zu sprechen. Er erinnerte die Zuhörer daran, dass Jesus immer noch Wunder tut. Christus habe den Aufruhr in seinem und dem Herzen seiner Frau zur Ruhe gebracht, so dass diese schreckliche Zeit sie nicht völlig aus der Bahn geworfen habe.

Der Radiosender bekam daraufhin einen anonymen Brief an Dr. Barclay: »Ich weiß, warum Gott Ihre Tochter getötet hat: Um sie davor zu schützen, von Ihren Häresien verdorben zu werden.«

Als Reaktion auf diese Botschaft schrieb Barclay, dass er dem Schreiber gern antworten würde, wenn er dessen Adresse hätte. Nicht aus Ärger – der wäre sehr schnell verflogen – sondern aus Mitleid. Er hätte ihm mit Worten von John Wesley geantwortet: »Dein Gott ist mein Teufel.« Er sei sicher, dass an dem Tag, als seine Tochter im Meer ertrank, das Herz Gottes voller Trauer gewesen ist.

Denkanstoß

Wie empfindest du Gottes Herzenshaltung dir gegenüber? Erinnert sie dich eher an Dr. Barclay oder an den feindseligen Briefschreiber? Bitte Gott darum, sein liebendes Herz zu zeigen: dir und denen, die du liebst – und auch den Menschen, die dir Mühe machen.

Gebet für den Tag

Vergib mir, Herr, wenn ich beanspruche zu wissen, was gut ist. Ich möchte erfahren, wie es wirklich in deinem Herzen aussieht. Danke für deine Geduld mit mir, wenn ich deine Wege falsch beurteile, weil ich sie einfach nicht verstehe. Ich will mich deiner Führung anvertrauen und heute in deinen liebevollen Armen geborgen sein.

2. Einblick in Gottes Wesen

> *»Ich aber hätte beinahe an ihm gezweifelt, fast hätte ich den Glauben aufgegeben. Denn ich beneidete die überheblichen Menschen: Ihnen geht es gut, obwohl Gott ihnen völlig gleichgültig ist. Ihr Leben lang haben sie keine Schmerzen, sie strotzen vor Gesundheit und Kraft. Sie müssen sich nicht abplagen wie andere Menschen, und die täglichen Sorgen sind ihnen ganz und gar fremd. (...) War es denn völlig umsonst, dass ich mir ein reines Gewissen bewahrte und mir nie etwas zu Schulden kommen ließ?« (Psalm 73,2-5+13)*

Wir alle haben in unserem Leben wohl schon Ähnliches gesagt oder gedacht. Der Psalmist beginnt den Psalm allerdings mit seiner Schlussfolgerung: *»Gott ist gut zu Israel, zu allen, die ihm ganz vertrauen. Das kann niemand bestreiten!« (Vers 1).* Aber wenn er die Erfahrungen betrachtet, die er in dieser Welt gemacht hat, dann muss er zugeben, dass er sich verlassen gefühlt hat. Fast wäre er vom Weg abgekommen. Warum soll man sich bemühen, ein Leben nach Gottes Maßstäben zu führen, wenn die Gottlosen anscheinend ein so sorgenfreies Leben haben?

Dann fährt er fort: *»Da ging ich in Gottes heiligen Tempel« (Vers 17).* Still stand er dort vor Gott und alles wurde wieder ins richtige Licht gerückt. Er bekam eine neue Sicht, er konnte die Dinge aus Gottes Perspektive betrachten. Er begriff auch das letzte, schlimme Schicksal der Gottlosen und schrieb:

> *»Als ich verbittert war und mich vor Kummer verzehrte, da war ich dumm wie ein Stück Vieh, denn ich verstand dich nicht. Jetzt aber bleibe ich immer bei dir, und du hältst mich bei der Hand. Du führst mich nach deinem Plan und nimmst mich am Ende in Ehren auf. Herr, wenn ich nur dich habe, bedeuten Himmel*

und Erde mir nichts. Selbst wenn alle meine Kräfte schwinden und ich umkomme, so bist du doch, Gott, allezeit meine Stärke – ja, du bist alles, was ich habe!« (Psalm 73,21-26)

Göttliche Wahrheit und Einsicht können nur zu uns durchdringen, wenn wir uns Zeit nehmen still zu sein und den echten Willen haben, unsere Vorstellungen davon bestimmen zu lassen. Im Psalm führte der Weg des Beters von der Überzeugung, dass Gott ihm nichts zu bieten hat, hin zu der Einsicht, dass Gott ihm alles sein will – in jeder Lebenslage.

Es ist mehr als dreißig Jahre her, dass Joni Eareckson Tada durch einen Tauchunfall gelähmt wurde. Am Anfang bat sie Gott um Heilung. Wie sollte sie den Rest ihres Lebens mit der Behinderung zurechtkommen? In dieser Zeit verglich sie sich mit Menschen, die noch all ihre Fähigkeiten hatten, und fragte sich, was Gott eigentlich mit ihr tat.

Heute sagt sie uns, dass sie schon vor langer Zeit aufgehört hat, diese verzweifelten Gebete um körperliche Heilung zu sprechen. Stattdessen sagt sie:

> »Jesus ist nicht achtlos an mir vorbeigegangen. Er hat mich nicht übersehen. Er hat mein Gebet erhört – aber seine Antwort war ›Nein‹. Und ich bin froh darüber. Das ›Nein‹ hat Schuld in meinem Leben aufgedeckt. Es hat meine Hingabe an Christus gestärkt und mich gezwungen, aus der Gnade zu leben. Es hat mich mit anderen Christen zusammengeschweißt, hat mein Gespür geschult, meinen Geist diszipliniert und mich gelehrt, meine Zeit sinnvoll zu verbringen. Es hat meine Hoffnung gestärkt, meinen Glauben wachsen lassen und meinen Charakter gefestigt. In diesem Rollstuhl zu sitzen hat bewirkt, dass ich Christus besser kennen gelernt habe. Es hat bedeutet, seine Kraft jeden Tag zu spüren. (...) Manchmal ist ›Nein‹ die bessere Antwort. Manchmal geschieht die Heilung innerlich und nicht äußerlich.«[2]

Denkanstoß

Jonis Einblick in das Wesen Gottes machte den entscheidenden Unterschied für ihre Situation. Sie kennt Gott. Sie musste sich in jedem Moment ihres Lebens auf ihn verlassen. Ist deine Einsicht in Gottes Wesen tief genug, um die »Neins« im Leben zu akzeptieren und als »Ja« zu etwas Besserem zu erkennen?

Gebet für den Tag

Oh, Herr, was mein Leben mit dir in diesem Punkt angeht, habe ich noch einen langen Weg vor mir. Es braucht Zeit, bis der Glaube tief genug ist, um dir so antworten zu können, wie Joni es tat. Ich danke dir, dass du mich daran erinnert hast. Ich hätte gerne solch einen reifen Glauben. Aber ich gebe zu, dass ich nicht gerne den Weg gehen möchte, den Joni gehen musste. Arbeite trotzdem weiter an mir. Lass mich dahin wachsen, dass auch bei mir das Verständnis deines Wesens den entscheidenden Unterschied in meinem Leben macht.

3. Ehrlich währt am längsten

Du freust dich, wenn ein Mensch von Herzen aufrichtig und ehrlich ist; verhilf mir dazu, und lass mich weise handeln! (Psalm 51,8)

Ich habe ein paar Mal sehr schmerzlich erlebt, dass ich abgelehnt wurde, einfach weil ich nicht perfekt war.

Nach diesen Erfahrungen fand ich es schwierig, offen und verletzlich zu bleiben und meine Fehler zuzugeben. Ich zog die Konsequenz, die Menschen auf Distanz zu mir zu halten. Ansonsten versuchte ich, so perfekt wie möglich zu sein. Mit dem Älterwerden habe ich jedoch gemerkt, wie überlebenswichtig es ist, Fehler und Schwächen einzugestehen und die anderen wissen zu lassen, dass ich – genau wie sie – nichts bin ohne die Kraft Jesu Christi. Wir kämpfen alle den gleichen Kampf.

Eine Situation kommt mir in diesem Zusammenhang besonders in den Sinn. Ich sollte in Kanada auf einer Konferenz Vorträge halten. Meine Gastgeberin, eine ältere Dame, war die für Frauen zuständige Dekanin an einem College. Sie hatte in ihrem Leben viel Leid erlebt. Dadurch war aber in ihr ein außergewöhnlicher Glaube gewachsen. Ich habe sie während meines Aufenthaltes beobachtet und von ihr viel darüber gelernt, wie man auf Stress und Spannung reagieren kann.

In meinem Gebetstagebuch lese ich, dass ich am Ende des ersten Tages ziemlich verärgert war. Die Veranstaltung, bei der ich an diesem Abend sprechen sollte, war zu lang gewesen. Der nächste Tag würde mir ebenfalls viel abverlangen. Keiner schien bereit zu sein, mich auf mein Zimmer zu bringen, damit ich endlich ausruhen konnte. Am nächsten Morgen fühlte ich, wie Gott mir beim Beten seine Gegenwart und Kraft schenkte. Ich schrieb:

»Ich habe gestern Abend versucht, meine innere Spannung zu bekämpfen. A. (meine Gastgeberin) dagegen war die Ruhe selbst. Ein unausgesprochener Tadel. Es wurde kein Wort gesprochen, aber aus ihr strahlte der Geist Jesu Christi. Ich sprach meinen Ärger nicht aus, aber die Körpersprache war wohl deutlich und der Vater im Himmel und ich wussten es. Wie sollte ich zu anderen sprechen, bevor ich nicht dieses unreife Gefühl bereut und dafür Buße getan hatte? Doch Gott ist unendlich freundlich und er hat gehandelt – vielleicht auch, weil er Gail dort hatte, wo er sie haben wollte: Sie war gebrochen und brauchte ihn, seine Vergebung und seine Gegenwart.«

In Zeiten der Gebrochenheit sind zwei Dinge besonders wichtig: Wir müssen ehrlich in uns selbst hineinschauen und die Verantwortung für unser Denken und Handeln übernehmen. Gleichzeitig dürfen wir erwartungsvoll zu Christus aufsehen, denn er bittet uns, so zu ihm zu kommen wie wir sind.

Denkanstoß

Würden Menschen, die dich gut kennen, von dir sagen, dass es dir leicht fällt, Fehler einzugestehen? Sind dir beim Lesen dieser Zeilen Dinge eingefallen, die du dem Vater im Himmel sagen solltest? Du darfst wissen, dass du so zu ihm kommen kannst, wie du bist.

Gebet für den Tag

Vater im Himmel, du liebst die, die ein zerknirschtes Herz haben und einsehen, dass sie dich brauchen. Ich komme zu dir, weil ich die Lasten loswerden will, die sich Tag für Tag neu auf meine Schultern legen. Gib mir den Mut, meine Schwachheit vor mir selbst und vor dir einzugestehen. Danke, dass du mich so bei dir haben willst wie ich bin. Danke für deine unendliche Liebe.

4. Die Geduld des Vaters

Unterwegs schickte er Boten voraus, die in einem Dorf in Samarien für eine Unterkunft sorgen sollten. Aber weil Jesus auf dem Weg nach Jerusalem war, wollte ihn keiner aufnehmen. Als seine Jünger Jakobus und Johannes das hörten, waren sie empört: »Herr, das brauchst du dir doch nicht gefallen zu lassen! Wenn du willst, lassen wir Feuer vom Himmel fallen wie damals Elia, damit sie alle verbrennen!« Jesus wies sie scharf zurecht. (...) Dann gingen sie in ein anderes Dorf. (Lukas 9,52-56)

Fehler und Scheitern sind eine Realität, die zum menschlichen Leben gehört. Das wusste Jesus sehr gut. In den Evangelien erzählt er den Menschen immer wieder von der Gnade Gottes und fordert sie zu Reue und Umkehr auf, zu einem neuen, besseren Leben.

Wir neigen dazu, verärgert zu sein oder bitter zu werden, wenn uns jemand einen Gefallen verweigert. Und wir gehen schnell davon aus, dass derjenige sich beim nächsten Mal wieder so verhält. Nicht so Jesus. Seine Großzügigkeit zeigt sich sogar in Momenten echter Qual. Drei Mal sah er traurig auf seine schlafenden Jünger hinunter, die er gebeten hatte, im Garten Gethsemane mit ihm zu wachen. Er warf ihnen ihr Versagen nicht vor: »Mit euch bin ich fertig, ich nehme die Ersatzmannschaft!« Er sagte einfach: »Steht auf und lasst uns gehen (die nächste Erfahrung wartet).« Er hält die Königskrone zehn Zentimeter über ihre Köpfe und macht ihnen Mut: »Versuch es noch einmal, wachs in die Krone hinein – nächstes Mal klappt es vielleicht.«

Wenn Menschen uns enttäuschen, sollten wir auf Jesus schauen. Wir können viel davon lernen, wie er in solchen Situationen reagiert hat. Wir haben die Wahl: Entweder wir handeln im Geiste Jesu Christi. Oder wir werden zu willkürlichen, selbstgerechten, strengen Richtern.

Jesus lehrt uns, für unsere Freunde zu beten, auch wenn sie gesündigt bzw. uns verletzt haben. Wir dürfen ihn darum bitten, dass sie durch die Konsequenzen ihres Handelns lernen, die Dinge beim nächsten Mal anders zu machen. Der Geist Jesu lässt uns aus Liebe traurig sein und diejenigen mit der heilenden Gnade überschütten, die uns enttäuscht haben.

Jesus hat nie Menschen verurteilt, die bereit waren, Buße zu tun. Er kannte die Schwachheit der menschlichen Natur. Wer seine Fehler einsah und so zu ihm kam, wurde von seiner Gnade eingehüllt. »Nimm meine Hand«, sagte er einfach. »Lass uns noch einmal von vorne anfangen.«

Denkanstoß

Im Brief des Jakobus lesen wir: *»Die Gnade triumphiert über das Gericht« (Jakobus 2,13).* Fällt dir eine Situation ein, in der jemand gnädig mit dir war, als du Strafe verdient hättest? Wo warst du geduldig mit jemandem, der es nicht verdient hatte? Überleg dir, wo es in beiden Situationen hingeführt hätte, wenn nicht »Gnade vor Recht« gegangen wäre. Sei dankbar, dass wir einen Schöpfer haben, der uns nicht das gibt, was wir verdienen, sondern das, was wir brauchen.

Gebet für den Tag

Danke, Vater, dass du mir durch deinen Sohn zeigst, wie geduldig du bist. Ich gebe zu, dass ich mich manchmal überlegen fühle, wenn andere etwas falsch machen. Ich möchte an diesem Punkt Jesus ähnlicher werden. Bitte hilf mir, dieses Gefühl der Überlegenheit loszulassen und heute so zu denken und zu handeln, wie du es tun würdest.

5. Ein sicherer Ort

Einmal wurde Jesus von einem Pharisäer zum Essen eingeladen. Er ging in das Haus des Pharisäers und setzte sich an den Tisch. Da kam eine Dirne herein, die in dieser Stadt lebte. Sie hatte erfahren, dass Jesus bei Simon eingeladen war. In ihrer Hand trug sie ein Glas mit wertvollem Öl. Die Frau ging zu Jesus, kniete bei ihm nieder und weinte so sehr, dass seine Füße von ihren Tränen nass wurden. Mit ihrem Haar trocknete sie die Füße, küsste sie und goss das Öl darüber. (...) Zu der Frau sagte Jesus: »Deine Sünden sind dir vergeben.« Da tuschelten die anderen Gäste untereinander: »Was ist das nur für ein Mensch! Kann der denn Sünden vergeben?« Doch Jesus sagte noch einmal zu der Frau: »Dein Glaube hat dich gerettet! Geh in Frieden.« (Lukas 7,36-38+48-50)

Wenn menschliche Gemeinschaft sich auf das Gute im Menschen stützt, ist das eine unsichere Sache. Wir sind alle weit davon entfernt, wirklich »gut« zu sein – und wir wissen es. Trotzdem wird es immer schwerer, das Böse in unseren Herzen zuzugeben. Die Angst davor, von der Gruppe, die wir lieben und die uns wichtig ist, abgelehnt zu werden, macht es schwierig, unsere Ängste und Fehler einzugestehen und offen zu legen.

Gordon und ich waren erst ein paar Jahre verheiratet, als eine enge Freundin von uns dabei erwischt wurde, wie sie Geld unterschlug. Noch heute, mehr als zwanzig Jahre später, bin ich traurig über meine Reaktion auf ihr Fehlverhalten. Statt ihr dabei zu helfen, den Tatsachen ins Auge zu sehen, bei sich selbst die Gründe für ihre Tat aufzudecken und die Dinge in Ordnung zu bringen, habe ich mich von meiner

Enttäuschung bestimmen lassen. Ich habe wertvolle Zeit damit vertan, meine eigenen Wunden zu lecken.

Die Frau in dem Bibeltext hat bei Jesus einen »sicheren Ort« gefunden. In ihm konnte sie das mitfühlende Herz Gottes entdecken, der seine eigensinnigen Kinder liebt. Wenn wir die Nachfolge Jesu ernst nehmen, müssen wir den Menschen, die mit sich und ihren Fehlern kämpfen, das sein, was Jesus dieser Frau war: ein sicherer Ort.

Ich habe mich oft gefragt, ob meine Freundin wohl versucht hatte zu signalisieren, dass sie in Not war. Es könnte sein, dass sie die volle Wahrheit aus Angst vor Ablehnung verschwiegen hat – bis es zu spät war. Kann eine Freundschaft echt sein, wenn die Angst vor Ablehnung so groß ist?

Natürlich hätte ich die Sünde der Unterschlagung nicht rechtfertigen können. Auch Jesus hat Sünden niemals einfach hingenommen oder darüber hinweggesehen. Aber er hat auch keinen von sich gewiesen, der seine Sünden eingestanden und bereut hat. Außerdem hat er immer in langen Zeiträumen gedacht: »Ich bin nicht überrascht von dem, was passiert ist. Aber ich bin traurig über die Konsequenzen, die du tragen musst. Ich sehe deinen zerbrochenen und betrübten Geist. Und ich weiß, dass du große Dinge tun kannst, wenn du aus deinen falschen Entscheidungen lernst.«

Ich frage mich, wo meine Freundin heute wäre, wenn sie das Gefühl gehabt hätte, sich mir anvertrauen zu können. Ich wünschte, ich könnte sicher sein, dass meine Reaktion auf ihre Offenheit nicht Ablehnung, sondern tiefe Betroffenheit gewesen wäre. Nicht Zurückweisung, sondern die liebevolle Aufforderung zu verantwortungsbewusstem Handeln und zur Buße. Aus welchem Grund auch immer, sie hat mir ihr Herz nicht geöffnet. Ihr Leben könnte heute anders aussehen, wenn sie die Freiheit zu diesem Schritt gehabt hätte. Es war eine schwere Lektion – für uns beide.

Denkanstoß

Bist du ein »sicherer Ort« für Menschen, die sich durch falsche Entscheidungen vom Herzen Gottes entfernt haben und darüber verzweifelt sind? Oder meiden sie dich lieber, wenn sie etwas falsch gemacht haben? Bete um Demut, damit du deine Schwächen sehen lernst. Und wenn es um deine eigenen Fehler geht: Gibt es jemanden in deinem Leben, dem du Rechenschaft ablegst über dich? Bist du für diesen Menschen wirklich transparent?

Gebet für den Tag

Oh, Herr, mach mich zum Werkzeug deines Friedens,
dass ich Liebe übe, wo man sich hasst,
dass ich verzeihe, wo man sich beleidigt (...),
dass ich den Glauben bringe, wo der Zweifel drückt (...),
Herr, lass du mich trachten:
nicht, dass ich getröstet werde, sondern dass ich tröste;
nicht, dass ich verstanden werde, sondern dass ich verstehe;
nicht, dass ich geliebt werde, sondern dass ich liebe.
Denn wer da hingibt, der empfängt;
wer sich selbst vergisst, der findet;
wer verzeiht, dem wird verziehen;
und wer stirbt, erwacht zum ewigen Leben.[3]

6. Gott geht uns nach

Zwei Männer, ein Pharisäer und ein Zolleinnehmer, gingen in den Tempel, um zu beten. Selbstsicher stand der Pharisäer dort und betete: »Ich danke dir, Gott, dass ich nicht so bin wie andere Leute.« (Lukas 18,10-11)

Wir können erst dann ein sicherer Ort für einen Menschen sein, der versagt hat, wenn wir erkennen, wie sehr wir selbst Vergebung brauchen. Selbstgerechtigkeit müsste von dem Gott, der uns nachgeht und über dessen Wesen wir hier nachdenken, eigentlich mit dem Tod bestraft werden. François Fénelon, ein bekannter französischer Mystiker, hatte Recht, als er schrieb:

> »Selbst die herausragendsten Gaben werden zur tödlichen Falle, wenn wir uns selbstgefällig darauf ausruhen und uns in Sicherheit wiegen. Dies war die Sünde der gefallenen Engel; in dem Moment, wo sie ihre herausgehobene Stellung als sicheren Besitz ansahen, wurden sie zu Feinden Gottes und deshalb hinausgeworfen aus seinem Reich.«[4]

Eines Tages fragte mich ein Freund, ob ich vielleicht an der »Ich bin gut«-Krankheit leide. Er meinte es nicht böse, denn er wusste, dass ich mir die größte Mühe gab, so integer wie möglich zu leben. Seine Frage zielte darauf ab, dass ich vielleicht doch ein wenig selbstgerecht geworden war. Gab es vielleicht ganz tief in mir den Gedanken, ohne dass ich es richtig bemerkte, dass Gott froh sein konnte, mich in seinem Team zu haben? O ja, ich wusste, dass ich es ausschließlich Gottes Gnade zu verdanken hatte, wenn ich alles so gut machen konnte. Aber ich spürte, dass ein kleiner, nagender und sehr hässlicher geistlicher Stolz neben all den guten Taten gewachsen war.

Konnte dies die »tödliche Falle« sein, von der Fénelon gesprochen hatte?

In meinem neunundvierzigsten Lebensjahr kam in einer schrecklichen Nacht alles nach oben. Ich kann mich nicht genau erinnern, was der Auslöser war, aber plötzlich ergriff eine geballte Ladung negativer Gefühle Besitz von mir und bildete eine explosive Mischung. Ich war bereit, auf alles und jeden loszugehen, der sich mir in den Weg stellte. Gut, dass es so spät war und alle schon schliefen, sonst hätte ich vielleicht Dinge getan, die ich später bereut hätte. So aber war dort niemand außer Gott und mir, und ich focht einen der schlimmsten geistlichen Kämpfe, die ich jemals erlebt habe.

In diesen unvergesslichen, einsamen Stunden war ich gezwungen, einen scharfen Blick auf mich selbst zu werfen. Alles, was ich zu sein vorgegeben hatte, war plötzlich wie weggewischt. Es ging plötzlich ganz allein um Gail und darum, dass sie ganz tief Vergebung brauchte für ihren hässlichen geistlichen Stolz. Jesus hat seinen größten Ärger und seine härtesten Worte an diejenigen gerichtet, die von religiösem Stolz bestimmt waren. War ich eine von ihnen? Wenn das stimmte, dann wollte ich auf mein selbstgefälliges »Ich bin gut« verzichten und zusammen mit den reuigsten aller Sünder zum Kreuz gehen und einen neuen Anfang machen.

Der Pharisäer betet ein selbstgerechtes »Ich bin gut«-Gebet. Der andere Mann, der aufgrund seines Berufes von den selbst ernannten »Guten« als Abschaum betrachtet wurde, betete einfach: »Gott, vergib mir, ich weiß, dass ich ein Sünder bin« (vgl. Vers 13). Der Pharisäer wurde für seine Einstellung von Gott verurteilt.

Die meisten von uns finden es wahrscheinlich schwierig, sich daran zu erinnern, wann sie das letzte Mal wie der Pharisäer gebetet haben. Glücklicherweise haben wir einen liebevollen Gott, der uns nachgeht. Er schenkt uns den Mut, ehrlich mit uns selbst zu werden. Seine Antwort auf unsere von Herzen kommende Einsicht und Reue ist Vergebung. Ich erinnere mich, dass ich irgendwann den Ärger dieser Nachtstunden loslassen konnte und mich frei fühlte, gereinigt und demütig. Ich sah mich selbst so klar wie schon lange nicht mehr. Immer wieder erlebte ich solche Erneuerungen – und das wird sicher auch so bleiben, denn »Selbstgerechtigkeit« ist keine Krankheit, die von einem Augenblick zum anderen heilt. Sie muss immer neu bezwungen werden.

Denkanstoß

Thomas von Kempen sagte einmal, dass es uns nicht schade, wenn wir uns weniger rechtschaffen fühlen als andere. Es habe allerdings verheerende Folgen, wenn man sich auch nur einem einzigen Menschen überlegen fühle. Was sagt uns das über die Bedeutung von Demut? Wann ist Gott dir das letzte Mal nachgegangen, um dir seine Vergebung zu schenken? Welche Einsicht gab dir diese Erfahrung über das Wesen Gottes?

Gebet für den Tag

Danke, Herr, dass du mir nachgehst. Ich möchte das immer im Blick behalten. Verzeih mir, dass ich mich selbstgefällig über andere erhoben habe. Ich will mit deiner Hilfe gegen meine Selbstgerechtigkeit kämpfen. Vater, mach du meine Seele heute frei davon. Danke, dass dein Arm in jeder Situation da ist, um mich zu halten.

7. Gott geht uns voran

Der Herr, der Gott Israels, geht euch voran, und er beschützt euch von allen Seiten. (Jesaja 52,12)

Was für ein Schock! Selbst nachdem es Jahre her ist: Der Tag, an dem meine Schwägerin sich das Leben nahm, hat sich unauslöschlich in meine Seele eingebrannt. Sie ließ zehn Kinder zurück, eine große, bunte Familie. Ich war mit unserer kleinen Tochter Kristy bei einem Mutter-Tochter-Essen, als mich der Anruf erreichte. In den Tagen vor diesem tragischen Ereignis hatte ich in der Bibel die Reaktion Jesu auf den Tod seines Freundes Lazarus studiert. So war das Erste, das mir in den Sinn kam: Jesus reagierte nicht panisch angesichts des Todes.

Ich bat den himmlischen Vater, mir in den kommenden Tagen den Geist seines Sohnes zu geben. Das hat alles verändert. Ich empfand eine große innere Ruhe. Das lag sicher auch daran, dass ich durch mein Nachdenken über den Lazarus-Text vorbereitet war. Solche Erfahrungen haben wir immer wieder gemacht, das belegen unsere Gebetstagebücher. Sie sind ein Mittel von unschätzbarem Wert, damit wir nicht vergessen, wo Gott an unserem Charakter gearbeitet hat. Wenn wir auf Gottes innere Führung hören und ihr gehorchen, dann erleben wir immer wieder Gottes kraftspendende Gnade. Er will nicht, dass wir in Situationen hineinstolpern, auf die wir nicht vorbereitet sind.

In den Stunden vor und nach seiner Kreuzigung hat Jesus Dinge für seine Jünger getan, deren Sinn sie damals noch nicht verstehen konnten. Er bereitete den Weg für sie, indem er ihnen in entscheidenden Momenten ihres gemeinsamen Lebens *voraus*ging. So achtete er beispielsweise vor dem gemeinsamen Passahmahl darauf, dass der Raum für sie vorbereitet war, damit sie aus dem gemeinsamen Mahl mit den Freunden Kraft schöpfen konnten.

Nach der Kreuzigung wurde den Frauen am Grab gesagt: *»Und nun geht zu seinen Jüngern und zu Petrus und sagt ihnen, dass Jesus euch nach Galiläa* voraus*gehen wird« (Markus 16,7).*

Sagt es seinen Jüngern *und Petrus.* Jesus wusste, dass Petrus mehr Trost brauchte als die anderen, weil er ihn drei Mal verleugnet hatte. Später war Jesus so aufmerksam, der Gruppe von müden und durchgefrorenen Fischern und Jüngern ein Frühstück vorzubereiten, *bevor* sie zurück zum Ufer kamen *(Johannes 21,9-12).* Und schließlich ist er uns *vorausgegangen*, um uns eine Wohnung im Himmel zu bereiten.

Gott geht auch heute weiter vor uns her und bereitet uns den Weg, selbst in unseren dunkelsten Stunden. Eines Morgens, als ich mich vor dem Tag fürchtete, der vor mir lag, begegnete mir Gott in meiner Stillen Zeit und stärkte mich auf besondere Weise. Er ermutigte mich durch folgende Zeilen aus Oswald Chambers »Mein Äußerstes für sein Höchstes«:

> »Gott spricht: ›Ich will dich nicht verlassen‹; also kann ich guten Mutes sagen: ›Der Herr ist mein Helfer, ich will mich nicht fürchten‹ (siehe Hebräer 13,5-6). (...) Das heißt nicht, dass ich nicht doch in die Versuchung kommen werde, mich zu fürchten; aber ich will an Gottes Zusicherung denken; ich will voller Mut sein wie ein Kind, das sich bemüht, zustandezubringen, was sein Vater von ihm verlangt. (...) Wenn nichts und niemand da ist, um dir zu helfen, dann sage: ›Der Herr ist mein Helfer, in dieser Sekunde, in meiner gegenwärtigen Lage.‹ (...) Es spielt keine Rolle, welches Unglück oder welches Unrecht an deinem Wege stehen mag; denn Er hat gesagt: ›Ich will dich nicht verlassen.‹«[5]

Ich werde mich immer dankbar an dieses Gefühl der Fürsorge Gottes erinnern, das ich an diesem Morgen gespürt habe. Ich fühlte mich so entspannt in Gottes Armen, dass die Umstände um mich herum ihre Bedrohlichkeit verloren. Ich wusste: Das ist Gottes Werk – und ich fand es wunderbar.

Denkanstoß

Kann es sein, dass wir oft viel zu sehr in Eile sind, um über das nachzudenken, was Gott für uns vorbereitet? Schreib ein paar Situationen auf, in denen du seine vorbereitende Hand entdeckt hast.

Gebet für den Tag

Herr, ich finde den Gedanken spannend und gleichzeitig beängstigend, dass du mich vielleicht gerade jetzt auf etwas Schwieriges vorbereiten möchtest. Aber egal, was es ist, ich möchte dir ganz selbstverständlich folgen. Du hast gesagt, wir sollen dich mutig um deine Hilfe bitten. So komme ich mutig zu dir und bitte dich, dass du diese Einsicht fest in meinem Herzen verankerst. Für heute, morgen und jeden neuen Tag.

8. Gott trägt uns

»Von Anfang an habe ich euch getragen, seit eurer Geburt sorge ich für euch. Ich bleibe derselbe; ich werde euch tragen bis ins hohe Alter, bis ihr grau werdet. Ich, der Herr, habe es bisher getan, und ich werde euch auch in Zukunft tragen und retten.« (Jesaja 46,3-4)

Gott trägt uns. Er ist der gute Hirte, der seine verlorenen Schafe sanft aus dem Dickicht befreit und zurück zur Herde bringt.

Wenn wir fallen, ist es seine Gnade, die uns trägt. Diese beständige Gnade sollten wir feiern, *nicht etwa den, der getragen wird.* Denn ohne diese Gnade Gottes würden wir dort liegen bleiben, wo wir gestolpert und gefallen sind. Ohne diese Gnade würden wir uns vielleicht irgendwann abwenden und gehen. Aber in seiner gnädigen Fürsorge stellt uns Gott wieder auf die Füße und hilft uns dabei, die ersten vorsichtigen Schritte vorwärts zu gehen. Seine Arme werden uns immer halten.

Vor einiger Zeit saß ich im Flughafen und wartete auf den Abflug. Ein kleiner Junge rannte zwischen den Passagieren hin und her. Plötzlich stolperte er, fiel hin und schlug mit dem Kopf auf dem Boden auf. Als er hochsah, waren seine Augen bereits voller Tränen und er suchte nach dem Gesicht seiner Mutter. Sie kam, und er streckte ihr die Arme entgegen, um von ihr getröstet zu werden. Sie hob ihn auf und ließ ihn seinen Schmerz und vielleicht auch seine Verlegenheit an ihrer Schulter ausweinen.

Was sie ihm entgegenbrachte, war fürsorgliche Gnade. Sie hatte ihn auf dem Arm und er vertraute darauf, dass sie ihn sicher trug, auch wenn er *nur sehen konnte, woher er kam und nicht, wohin er getragen wurde.* Der Junge hätte wohl einen anderen

Ausdruck gewählt, als Gnade, die mich trägt. Aber er hat sie gerne angenommen. Ich finde, dies ist ein wunderschönes Bild für unsere Beziehung zu unserem himmlischen Vater.

Wie viele andere auch haben Gordon und ich schmerzliche und harte Zeiten erlebt. Aber wir haben auch Heilung erfahren und spüren tief in unseren Herzen den Wunsch, Gott zu dienen. Unser langer gemeinsamer Weg hat uns immer mehr zusammenwachsen lassen. Wir sind besonders sensibel geworden für alle, die auf hundert verschiedene Arten fallen. Aber das alles ist ganz sicher nicht unser Verdienst. Es ist einfach die Gnade Gottes, die wir empfangen haben und die uns trägt. Wie kann man mit einem Geschenk angeben?

In der Mitte des 19. Jahrhunderts lebte Henry Baker, ein anglikanischer Geistlicher. Er hatte verstanden, was die Liebe eines Hirten ausmacht. Er schrieb das Lied *The King of Love My Shepherd Is* (Mein Hirt ist der König der Liebe). Es wurde über 60 Millionen Mal verkauft. Baker starb mit den Worten der dritten Strophe seines Liedes:

> »Auf Abwegen irrte ich hin und her
> Er suchte mich, groß ist die Liebe sein
> Und auf seine Schulter mich bettete er
> Brachte freudig mich heim.«[6]

Beim Lesen dieser Zeilen spürt man, wie sich alles entspannt. Denn unser Gott ist groß und er will für uns sorgen. Er hilft uns auf, und er hält fest daran, dass wir es gemeinsam mit ihm schaffen können.

Denkanstoß

Kannst du dich an eine Zeit in deinem Leben erinnern, in der du die »tragfähige Gnade« Gottes gebraucht hättest, aber stattdessen versucht hast, die Situation aus eigener Kraft zu bewältigen? Wie hätte das Ergebnis ausgesehen, wenn du deinem himmlischen Hirten erlaubt hättest, dir seine Gnade zu schenken?

Gebet für den Tag

Vater im Himmel, ich möchte heute deine fürsorgliche Liebe für mich in Anspruch nehmen. Ich wünsche mir das nicht nur dort, wo ich mich dir ganz nah fühle. Ich möchte sie auch in den Situationen annehmen, in denen du mich zurechtweist, weil ich mich von deiner Gnade abwende. Lehre mich, dein fürsorgliches Herz besser zu verstehen.

9. Gott wurde misshandelt

Als Christen hat euch Gott dazu berufen. Denn auch Christus hat für euch gelitten, und er hat euch ein Beispiel gegeben, dem ihr folgen sollt. (...) Wenn man ihn beschimpfte oder misshandelte, hat er es ohne Widerspruch ertragen; denn er wusste, dass Gott ein gerechter Richter ist und seine Sache vertritt. (1. Petrus 2,21-24; vgl. auch Matthäus 27,27-32)

Es gibt keinen Grundsatz, der Gordon und mir mehr bedeutet und uns mehr herausfordert als dieser. Selbst wenn wir zunehmend von einem Lebensstil der Buße geprägt sind, geschieht es immer wieder, dass wir von anderen verurteilt und missverstanden werden. Dann wollen wir uns instinktiv verteidigen und schützen. Gerade jetzt aber sollten wir daran denken, wie Jesus reagiert hat und nach seinem Vorbild handeln. Seine Haltung muss fest in unseren Herzen verankert sein.

Wie andere wusste auch Amy Carmichael, was es bedeutet, von anderen missverstanden zu werden. Als sie einmal einen Brief bekam, über den sie sich sehr ärgerte, hörte sie den Herrn immer wieder die Worte flüstern: »Ärgere dich nicht, denk an mich.« Sie wollte »ihren Trost sofort mit anderen teilen. Sie wollte ihnen Mut machen, unüberlegten Worten nicht zu viel Bedeutung beizumessen oder den inneren Frieden von dem abhängig zu machen, was andere sagen. (...) ›Wenn Er an euch denkt, was macht es da, wenn andere euch vergessen? So getröstet und innerlich gereinigt, können wir ihm danken für all jene, die unwissentlich auf unseren Gefühlen herumtrampeln und dabei oberflächlich reden. Denn dass sie es so unbewusst, so leicht und lässig tun können, sagt uns, dass sie nie in Eisen gelegt waren; das ist gut zu wissen, oder?‹«[7]

Eine andere bedeutende Frau, die ich sehr schätze, ist Catherine Booth. Ihr Mann William, Gründer der Heilsarmee, wurde oft verleumdet und kritisiert. Das war nicht leicht für ihn. Fast unerträglich wurde es allerdings, als die rohen und bissigen Kommentare anderer geistlicher Leiter sich auch gegen Catherine wandten. Trotzdem stellt er in diesem Zusammenhang Catherine vor eine starke Herausforderung.

> »Ich kann nicht verstehen, dass sie dich und das Werk Gottes so behandeln. Es hätte mich nicht gewundert, wenn ich das Ziel des Angriffs gewesen wäre. Dass du es bist, verwirrt mich zutiefst. (...) Ich weiß kaum, was ich dir raten soll. Der erste Gedanke, der mir kam, war: Wir geben sie einfach auf, das haben wir nicht nötig. Dann dachte ich: In zehn Jahren wird das, was wir jetzt persönlich durch diese (geistlichen!) Leiter erleiden, keinerlei Bedeutung mehr haben.
>
> Es wird vergessen sein. Aber die Art und Weise, wie wir mit dem Werk Gottes umgehen, nicht. Unsere Nachsicht und Demut, Sanftmut und Ausdauer in schwierigen Situationen, das alles wird schließlich ausschlaggebend sein.«[8]

Die Entscheidung, sich nicht zu wehren, ist wohl einer der Gründe, warum die Heilsarmee seit über hundert Jahren Licht in das Leben vieler leidender und ausgestoßener Menschen bringen kann. Wenn sie sich für den anderen Weg entschieden und versucht hätten, sich zu rechtfertigen, wäre das für die Booths sicher im Moment eine Erleichterung gewesen. Aber langfristiges Wachstum und innere Zufriedenheit wären ihnen entgangen.

Das Beispiel der Booths hat die nachfolgenden Generationen in der Heilsarmee inspiriert und geprägt. Im Laufe der Jahre ist es auch zum Maßstab für Gordon und mich geworden. Wir messen daran unsere Reaktionen auf Verleumdungen, Anschuldigungen und Lügen. Das ist kein einfacher Weg. Nicht, wenn man mit menschlichen Maßstäben misst. Aber gerade in solch schwierigen Zeiten möchte Gott an uns arbeiten, wenn wir es ihm erlauben. Dann spiegelt unser Herz sein Herz wider.

Denkanstoß

Augustinus hat einmal gesagt: »Befreie mich von der Lust daran, mich immer zu rechtfertigen.« Hat diese »Lust« auch Besitz von deiner Seele ergriffen? Bring Gott im Gebet Situationen, in denen du lernen musst, so zu handeln, wie Jesus es getan hat.

Gebet für den Tag

Herr, es hat in meinem Leben Zeiten gegeben, in denen ich so reagieren wollte, wie es dem Zeitgeist entspricht: mit Hass, einem Rechtsstreit oder Verurteilung. Aber dieses Verhalten missachtet dich und deinen Geist. Hilf mir dabei, mich gegen solche Verhaltensmuster zu entscheiden und das Gefühl *Recht haben zu müssen* loszulassen. Danke, dass du ein Gott bist, der uns den Weg zeigt und uns jeden Tag neu die Kraft gibt, ihn auch zu gehen.

10. Gott gehört alles

»Gott gibt die Aufträge«, erwiderte ihnen Johannes. »Ohne ihn kann niemand etwas ausrichten. Ich habe doch immer wieder erklärt, dass ich nicht Christus bin, der von Gott gesandte Retter. Habt ihr das vergessen? Ich sollte ihn nur ankündigen, mehr nicht. Die Braut wird dahin gehen, wo der Bräutigam ist. Der Freund des Bräutigams freut sich mit den beiden, auch wenn er nur daneben steht. So geht es mir jetzt. Meine Freude ist grenzenlos.« (Johannes 3,27-30)

Als Gordon und ich vor vielen Jahren am absoluten Tiefpunkt unserer Ehe waren, erinnerte ich mich plötzlich an eine Predigt, die mein Mann oft gehalten hatte. Er hatte darüber gesprochen, dass Johannes der Täufer von den Massen gesucht und bewundert wurde. Aber als der Tag kam, an dem er die Menschen auf Jesus hinweisen sollte, tat er es, auch wenn er dadurch sowohl seine Anhänger als auch seine Aufgabe verlor. Eines jedoch verlor Johannes nie: seinen Gott.

Genau das mussten Gordon und ich in diesen schweren Monaten lernen: Johannes nachzuahmen in seiner inneren Haltung und in seinem Verhalten.

Erstens mussten wir begreifen, dass Johannes nur Verwalter war und nicht Besitzer *(Vers 27)*. Als Jesus also seine Anhänger ›übernahm‹, war das in Ordnung, denn Johannes hatte die ganze Zeit gewusst, dass sie ihm nicht gehörten.

Zweitens wusste Johannes sehr genau, wer er *war,* und wer er *nicht war.* Er hat die Menschen immer wieder darauf hingewiesen, dass er nicht der Christus ist, selbst wenn sie versuchten, ihn genau dazu zu machen *(Vers 28)*. Seine Identität war auf Wahrheit gegründet, nicht auf Befriedigung seines Ego.

Drittens kannte Johannes seine Rolle und seine Aufgabe – er war der Freund des Bräutigams, nicht der Bräutigam selbst *(Vers 29).* Der Bräutigam war gekommen, und die Aufgabe des Freundes bestand lediglich darin, auf ihn hinzuweisen. Jegliche Aufmerksamkeit sollte auf ihn gelenkt werden. Johannes hatte in seinem Leben ein einziges Ziel: Er wollte Jesus groß machen und Johannes musste kleiner werden *(Vers 30).*

Machte es Johannes gar nichts aus, die Zuwendung der Menge zu verlieren? Natürlich machte es ihm etwas aus. Er war schließlich ein Mensch. Aber Gott gab Johannes die Kraft, den Veränderungen ins Auge zu schauen. Johannes blieb nicht bei sich selbst stehen. Johannes' Verständnis von Gott und von der Aufgabe, zu der er berufen war, bewahrten ihn vor Zynismus und Bitterkeit.

Wenn wir dem Herrn dienen wollen, müssen wir genau verstehen lernen, wer Gott ist und was er von uns möchte. Wir können uns viel Schmerz und Enttäuschung ersparen, wenn wir die Wahrheit über das Wesen Gottes kennen und verstehen lernen. Dann können wir uns ihm vorbehaltlos anvertrauen, das *Recht auf uns selbst* loslassen und auch durch schwierige Situationen innerlich wachsen.

Diese Wahrheiten haben Gordon und mir Halt gegeben, als wir versuchten zu lernen, wie es wirklich in Gottes Herzen aussieht. Tief in unserem Inneren wussten wir, dass wir unser Leben nur erhalten können, wenn wir es verlieren. Aber in dieser Haltung zu leben ist nur möglich, weil Gott seine Kinder mit seinem Geist erfüllt. Immer wenn Selbstmitleid uns befallen will, denken wir an Johannes den Täufer. Dann können wir nur noch danken. Thomas von Kempen beschreibt das so:

> »So oft ein Mensch etwas außer der Ordnung begehrt, wird er sofort innerlich unruhig. Der Stolze und der Habsüchtige haben nie Ruhe; wer im Geiste arm und demütig ist, wandelt in der Fülle des Friedens.«[9]

Denkanstoß

Bist du ein Besitzer oder ein Verwalter? Definierst du dich zu sehr durch deinen Beruf oder deine Arbeit? Was würde mit deinem Glauben passieren, wenn dir der Boden unter den Füßen weggezogen würde, wenn du alles verlieren würdest? Könntest du wie Christian in John Bunyans *Pilgerreise* sagen: »Ich bin am Boden, aber er hält«?

»Er muss wachsen, aber ich muss kleiner werden« (Vers 30). Hat dieser Vers Bedeutung für dein Leben? Wenn ja, wie?

Gebet für den Tag

Danke, Herr, für Johannes den Täufer. Sein Beispiel lehrt mich viel darüber, wie ich auf Veränderungen, Zusammenbrüche und deine Pläne mit meinem Leben reagieren sollte.

Ich bete mit dem Psalmisten: »Mein Herr und Gott, dir vertraue ich. Bei dir suche ich Schutz. (...) Ihm klage ich meine Not; ihm sage ich, was mich bedrängt.« *(Psalm 141,8; 142,3)*

Teil 2

Der Schmerz als Verbündeter

Das Leben kann hart sein. Schmerz und Herausforderungen kommen auf jeden von uns zu, aber wir gehen sehr verschieden damit um. Wenn wir in einer Krise stecken, durchlaufen wir oft verschiedene Stadien von Gefühlen, jedes mit seinen ganz eigenen Versuchungen. Ich weiß inzwischen, wie wichtig meine Reaktionen auf die Gefühle und Anfechtungen waren, die ich in Krisenzeiten erlebt habe. An ihnen musste ich arbeiten auf meinem Weg, am Leiden innerlich zu wachsen.

Gerade durch leidvolle Erfahrungen begriff ich, dass ich Gott gehorchen musste, egal wie meine Gefühle aussahen. Ich traf die Entscheidung, über sie zu reden, um den Umgang damit zu lernen. Egal was passierte, ich kannte die Wahrheit und handelte danach. Ich lernte, mein eigenes Herz ehrlich zu betrachten, anstatt vor den unbequemen Wahrheiten davonzulaufen oder andere zu beschuldigen. In diesem Teil des Buches möchte ich zeigen, welchen entscheidenden Unterschied es macht, wenn der Schmerz zum Verbündeten wird.

11. Verborgene Schätze in der Dunkelheit des Schmerzes

»Die verborgenen Schätze und die versteckten Reichtümer gebe ich dir. Daran sollst du erkennen, dass ich der Herr bin, der Gott Israels, der dich ... in seinen Dienst ruft.« (Jesaja 45,3)

Ich habe einmal einen Bericht über Sporttaucher gelesen. Sie tauchen in Unterwasserhöhlen hinab und entdecken dort die wunderbare Schönheit von natürlichen Gesteinsformationen und dem Leben unter Wasser. Mich brächte keiner so weit unter die Wasseroberfläche – und noch viel weniger in eine Unterwasserhöhle. Ebenso wenig würden wohl die meisten Menschen freiwillig Schmerzen auf sich nehmen.

Aber wie der Sporttaucher in der Dunkelheit der Meerestiefe auf unentdeckte Schätze stößt, so sind auch im Dunkel des Schmerzes seltsame und wunderbare Schätze verborgen – »versteckte Reichtümer«, wie der Prophet Jesaja sie nennt. An den Tagen meines Lebens, an denen ich merkte, wie die Dunkelheit mich verschlang, war mir gleichzeitig klar, dass ich die Wahl hatte: Ich musste mich entscheiden, ob ich Schätze suchen oder in Traurigkeit versinken wollte.

Ein Freund schickte mir einen »Schatz«, der mich oft an die Gegenwart und Nähe Gottes erinnert. Es ist eine einfache Karte mit einer Inschrift aus einem Keller in Köln, in dem sich Juden während des Holocaust versteckt hatten:

> »Ich glaube an die Liebe, auch wenn ich sie nicht fühle. Ich glaube an Gott, auch wenn er schweigt.«

Monatelang trug ich diese Karte mit mir herum und las sie immer wieder, wenn ich Ermutigung brauchte. Die Zeilen haben mich nicht nur daran erinnert, mich zusammenzureißen, sondern auch daran, anderen zu helfen, die ebenfalls in einer düsteren Stimmung sind. Wenn Gott sogar Juden durch den Holocaust hindurch retten konnte, dann hatte er sicherlich auch für meine »kleinen« Herausforderungen eine Lösung. Das zu wissen ist ein großer Schatz.

Wenn wir leiden, neigen wir dazu, die Fäuste zu ballen und dagegen anzukämpfen. Mit geballten Fäusten aber hat noch nie jemand die großartige Botschaft empfangen, die im Leiden verborgen ist. Wenn die beunruhigenden Erfahrungen kommen, sollten wir unsere Fäuste öffnen. Dann werden sich uns im Dunkel viele Schätze enthüllen – und uns dem Herzen unseres Vaters im Himmel näher kommen lassen. Mit den Worten von Amy Carmichael klingt das so:

»Hast keine Narbe du? ...
So wie der Meister wird der Diener sein,
und Wunden sind an den Füßen sein.
Sind deine heil, folgte er dir weit, sag du?
Hast keine Wunde, keine Narbe du?«[1]

Denkanstoß

Wenn wir hinabsteigen in die dunklen Kammern des Schmerzes, ballen wir dann die Fäuste? Oder strecken wir die Hände aus nach den verborgenen Schätzen und dem Licht? Was hat Gott uns schon gezeigt von der versteckten Schönheit? Schreib ein paar Dinge davon auf und sag Dank dafür.

Gebet für den Tag

Herr, wenn du mir in der schwierigen Zeit, in der ich gerade bin, etwas zeigen willst, dann wirst du das zum richtigen Zeitpunkt tun. Darauf vertraue ich. Hilf mir dabei, dir zu folgen, auch wenn ich jetzt gerade nicht sehen kann, was vor mir liegt.

12. Die Versuchung aufzugeben

»Liebe Brüder! Ich meine, ihr solltet wissen, dass wir in der Provinz Asien Schweres erdulden mussten. Wir waren mit unseren Kräften am Ende und hatten schon mit dem Leben abgeschlossen. Unser Tod schien unausweichlich. Aber Gott wollte, dass wir uns nicht auf uns selbst verlassen, sondern auf ihn, der die Toten zu neuem Leben erweckt.« (2. Korinther 1,8-9)

Paulus kannte sicher die Versuchung, alles hinzuschmeißen. In Lystra wurde er gesteinigt, in Philippi geschlagen, in Beröa belästigt und in Athen missachtet. Die Feindseligkeiten, denen er immer wieder begegnete, waren ganz bestimmt ein Grund ständiger Anspannung. Er muss sich oft müde, schwach und entmutigt gefühlt haben.

Beim Lesen von Lukas' Bericht in Apostelgeschichte 18 über die achtzig Kilometer lange Reise des Paulus von Athen nach Korinth konnte ich zwischen den Zeilen all die Gefühle entdecken, die Paulus gequält haben müssen. Er war sicher erschöpft, als er die Stadt betrat. Und dann sah er das Gebäude vor sich, das die Skyline von Korinth beherrschte: den Tempel der Aphrodite, Heimat Tausender geweihter Prostituierter. Der Marktplatz vor seinen Augen war der einer kosmopolitischen Stadt, er pulsierte vor Materialismus, Heidentum und Sinnlichkeit. Kommt uns das bekannt vor?

Wie reagierst du, wenn keiner dir Glauben schenkt, wenn du dich geschlagen, müde und allein fühlst? Später, im Rückblick auf diese ersten Eindrücke, schreibt Paulus den Korinthern über seinen ersten Besuch bei ihnen: *»Dabei fühlte ich mich schwach und elend, war voller Angst und Furcht« (1. Korinther 2,3).*

Und das war deutlich sichtbar. Alles weist darauf hin, dass Paulus in den ersten Tagen seiner Missionsarbeit in Korinth seine Nachricht ganz und gar defensiv verbreitete. Verschwunden war sein Charisma, seine Fähigkeit, offensiv auf die Menschen zuzugehen und jegliche Opposition zu ignorieren. Verschwunden war auch die Energie, die es ihn mit jedem Gegner aufnehmen ließ, egal was andere dachten oder sagten.

Als die Juden von Korinth sich zunächst weigerten, das Evangelium zu hören, wurde er sogar ärgerlich und warf ihnen an den Kopf, dass ihr Blut nicht an seinen Händen klebe. Er hätte sein Bestes getan, sagte er, und jetzt würde er sich den Heiden widmen. Paulus hielt dem lang andauernden Druck nicht mehr stand. Vielleicht erlag er sogar der Versuchung des Selbstmitleids. Lukas fand es offensichtlich wichtig, dem Leser mitzuteilen, dass sogar der Apostel Paulus Tage hatte, an denen er das Ziel aus den Augen verlor.

Denkanstoß

Vielleicht ist es dir auch so gegangen: Du warst versucht aufzugeben. Das geht uns allen früher oder später einmal so. Findest du es ermutigend, dass Gott den Apostel Paulus durch all die Qualen hindurchgeführt hat? Genauso wird er auch dich und mich hindurchtragen. Denke heute einmal darüber nach.

Gebet für den Tag

Herr, manchmal fehlt mir sogar die Energie und Fähigkeit dazu, mich auf ein Gebet zu konzentrieren. Ich möchte einfach aufgeben. Ich hoffe, dass andere gerade jetzt für mich beten. Und ich fühle mich getröstet durch dein Versprechen, für uns zu beten (vgl. Hebräer 9,24).

13. Echte Liebe leidet

»Ich bin voller Trauer und empfinde tiefen Schmerz, wenn ich an Israel denke. Käme es meinen Brüdern, meinem eigenen Volk, zugute, ich würde es auf mich nehmen, verflucht und von Christus getrennt zu sein.« (Römer 9,2-3)

Ich beobachte Paulus, wie er von Stadt zu Stadt zog, und ich bewundere seine Hingabe. Er liebte Christus und er liebte seine jüdischen Brüder und Schwestern von ganzem Herzen. Deshalb wollte er sie zusammenbringen. Es war nicht zu vermeiden, dass eine solche Entschlossenheit auch große Enttäuschungen bedeutete, wo sein Traum nicht in Erfüllung ging. Wahre Liebe umfasst auch immer Schmerz.

Dieses Risiko gehen wir alle ein, wenn wir viel für jemanden empfinden. Je tiefer die Liebe, desto größer ist der Schmerz, wenn etwas anders läuft, als wir es uns vorgestellt haben. Genau das meinte Nicholas Woltersdorff, als er versuchte, den Tod seines 25-jährigen Sohnes zu verarbeiten. Er war beim Klettern in den Bergen umgekommen. Nicholas erkannte, dass die Tiefe seines Schmerzes daher rührte, dass er seinen Sohn so sehr geliebt hatte.

> »Liebe in unserer Welt ist leidende Liebe. Einige leiden jedoch nicht viel, denn sie lieben nicht viel. Leiden ist das Los Liebender. Wenn ich ihn nicht geliebt hätte, wäre nicht dieser Schmerz. – Dies, sagt Jesus, ist das Gebot des Heiligen: ›Du sollst deinen Nächsten lieben wie dich selbst.‹ Indem er uns gebietet zu lieben, fordert Gott uns zum Leiden auf.
>
> Gott ist Liebe. Darum leidet er. Unsere leidende, sündige Welt zu lieben bedeutet Leiden. So hat Gott für die Welt gelitten, dass er seinen einzigen Sohn dem Leiden preisgab.

Wer nicht Gottes Leiden sieht, sieht auch nicht seine Liebe. Gott ist leidende Liebe.«[2]

Kein Schmerz und dafür nur oberflächliche Liebe? – Nein, ich würde nicht tauschen wollen. Tiefe Liebe jedoch scheint heute selten zu sein, denn sie fordert ein hohes Maß an Zeit, Energie und Selbstaufgabe. Wer aber so geliebt hat und damit auch Ja zum Schmerz sagt, wird uns erzählen, dass es sich lohnt. Wenn man mittendrin steckt in den Momenten der Angst und des Schmerzes, sieht man es sicher nicht immer so. Auch das beschreibt Woltersdorff sehr plastisch. Wenn aber der Blick nach vorn auf das Leben als Ganzes wieder frei ist, entdecken wir: Unsere Schritte auf dem Weg mit Gott sind wieder schwungvoll, und wir spüren eine Nähe, die man anderen kaum erklären kann.

George Matheson, der große Prediger und Dichter von Kirchenliedern, wurde im Alter von achtzehn Jahren vollständig blind. Am Tag der Hochzeit seiner Schwester, im Juni 1882, schrieb er von *der Liebe, die nicht loslässt*: *»Mit mir geschah etwas, das nur ich selbst wahrnehmen konnte. Ich empfand einen tiefen seelischen Schmerz. Das Lied ist die Frucht dieses Schmerzes.«*[3]

Es wird gesagt, das Lied sei die Erinnerung an die große Liebe zu einer Frau. Sie hatte die Verlobung gelöst, als sie von seiner Blindheit erfuhr. Seit über hundert Jahren singen unzählige Menschen dieses Lied – und spüren dabei die Frucht des Leidens an der Liebe.

Denkanstoß

Vielleicht hast du beim Lesen dieser Zeilen gemerkt, wo tiefe Liebe in deinem Leben Leid hervorgebracht hat. Gab es solche Zeiten? Schreib deine Erfahrungen in ein paar Sätzen auf. So kannst du nachvollziehen, was du erlebt hast und wie du daran gewachsen bist. Danke Gott dafür, dass er dich immer und ewig liebt.

Gebet für den Tag

»O Liebe, die mich ewig trägt,
gibst meiner Seel' Geborgenheit.
Mein Herz von mir zu dir hin schlägt
von deinem Liebesstrom bewegt;
du machst mein Leben reich und weit.

O Freude, die den Schmerz durchdringt,
mein Herz sich nicht davor verschließt.
Im Regen mir der Bogen blinkt.
Als wahr mir die Verheißung klingt,
Dass einst all Schmerz geheilet ist.«[4]

Herr Jesus, bitte hilf mir dabei, mich heute deiner leidenden Liebe ganz hinzugeben.

14. Am Schmerz wachsen

»Nur bei Gott komme ich zur Ruhe; er allein gibt mir Hoffnung. Nur er ist ein schützender Fels und eine sichere Burg. Er steht mir bei, und niemand kann mir schaden.« (Psalm 62,6-7)

Wenn etwas in unserem Leben nicht so läuft, wie wir es uns vorgestellt haben, wenn Schmerz über uns hereinbricht, dann ist die Versuchung groß, Gott außen vor zu lassen. Wir neigen dazu, lieber an das Schlimmste zu glauben, als aus den Umständen zu lernen. Aber wir werden den Schmerz nicht zu unserem Verbündeten machen können, wenn wir nicht bereit sind, uns Gott gerade im Leid zu öffnen.

Nur wenn unsere Hände offen und leer sind, können wir empfangen. Ich meine damit nicht, dass wir den Schmerz auf masochistische Weise suchen sollten. Aber wenn sie kommen, die beunruhigenden Erfahrungen, dann können wir entscheiden. Entweder klagen wir: »Das ist nicht fair.« Oder aber wir bitten: »Lehre mich, Herr.« Wenn wir in solchen schweren Zeiten auf Gottes Trost verzichten, müssen wir nicht nur den Schmerz erleiden. Wir verschließen uns der Erfahrung von Gottes zärtlicher Nähe und gerade jetzt gegenwärtiger Gnade.

> »So lange ein Kind ruhig spielt, bleibt seine Mutter in der Küche, um das Essen vorzubereiten. Aber wenn es Unsinn macht und sich wehtut, hört die Mutter sein Weinen und eilt ihm zu Hilfe. Sie ist trotz seines Verhaltens voller Aufmerksamkeit und Liebe.
>
> Vielleicht ... rebelliert das Kind gegen den Schmerz. Vielleicht wirft es sich auf den Boden, tritt gegen ein Möbelstück und tut sich dabei selbst weh. Vielleicht schlägt es sogar nach seiner Mutter, die versucht, ihm zu helfen. Aber dadurch lei-

det es nur noch mehr, denn der Schmerz bleibt und das Kind ist auch noch alleine damit. Genauso allein wie mit der Enttäuschung und dem Ärger.

Wenn es seiner Mutter vertraut, dann wirft es sich trotz des Schmerzes in ihre Arme. Sie kann ihm den Schmerz nicht nehmen, aber indem sie es hält, trägt sie den Schmerz mit ihm zusammen.«[5]

Genauso können auch wir im Leid wählen, ob wir uns vom Vater entfernen oder ihm näher kommen wollen. Es hängt von der äußeren Haltung unserer Hände und der inneren Haltung unseres Herzens ab.

Denkanstoß

Wann waren Schmerz und Leid das letzte Mal dein Begleiter? Hast du deine Hände geöffnet oder sie zu Fäusten geballt? François Fénelon hat einmal gesagt: »Öffne dein Herz; unsere Wunden heilen nicht, wenn wir ständig an sie denken.« Kannst du dich an eine Zeit erinnern, wo Gottes Anwesenheit ganz real und fühlbar war, weil du dich geöffnet hast und bereit warst zu lernen? Kannst du dich selbst hören, wie du zu anderen sagst: »Ich möchte das nicht noch einmal durchmachen. Aber ich kann mich nur an wenige Zeiten in meinem Leben als Christ erinnern, in denen mein Vertrauen und mein Glaube so sehr gewachsen sind wie in dieser schweren Situation«?

Gebet für den Tag

Himmlischer Vater, hilf mir dabei, von deinem Sohn zu lernen. Er hat alles mit einem offenen, gehorsamen Herzen zu dir gebracht. Ich lasse den Gedanken an ein Leben ohne Schmerz los. Hilf mir, mich nicht gegen die »Gemeinschaft im Leiden« zu wehren.

15. Hilfe annehmen

Dann ging Jesus mit ihnen in einen Garten, der Gethsemane hieß. »Setzt euch hier hin und wartet auf mich!«, forderte er die Jünger auf. »Ich will ein Stück weitergehen und beten.« Petrus, Jakobus und Johannes nahm er mit. Tiefe Mutlosigkeit und Angst überfielen Jesus, und er sagte zu ihnen: »Ich zerbreche beinahe unter der Last, die ich zu tragen habe. Bleibt bei mir und lasst mich nicht allein.« (Matthäus 26,36-38)

Ich stamme aus Neu-England. Wir sind bekannt für unseren Individualismus und unseren Einfallsreichtum. Über Jahre hinweg habe ich diese Vorstellung für mich verinnerlicht. Die Frau, die ich dadurch geworden bin, war geprägt von der Einstellung, dass sie auch schwierige Situationen alleine meistern kann. Und weil ich meine Schwächen nicht zeigte, wussten meine Freunde nicht, wie sie mit mir umgehen sollten. Das war natürlich mein Fehler.

Dr. Helen Roseveare litt als Missionsärztin im Zaire während der Rebellion Anfang der sechziger Jahre furchtbar. Zunächst wurde sie verbal beschimpft und belästigt. Eines Nachts bekam das Leid teuflische Züge: Sie wurde von Rebellen vergewaltigt und geschlagen.

Glücklicherweise hatte Helen vor dieser schrecklichen Zeit gelernt, Menschen an sich heranzulassen. Während einer Krankheit hatte sie sich von denen pflegen lassen müssen, denen sie vorher geholfen hatte. Das war anfangs schwierig für sie zu akzeptieren. Helen hatte die Tatsache beklagt, dass sie anderen Patienten auf diese Weise das Pflegepersonal wegnahm. Ihr Hang zur Unabhängigkeit erhielt jedoch einen Dämpfer, als einer ihrer »Schüler« ihr erklärte, dass ihre Krankheit die einzige Situation sei, in der sie sich von ihr gebraucht fühlten. Dieser sanfte Tadel bewirkte einen Wandel in Helen, der sich langfristig auswirkte – bis hin zu den Erfahrungen jener schrecklichen Nacht.

Es muss Helen bereits übermenschliche Kräfte gekostet haben zu vergeben. Aber sie tat noch mehr. Sie kehrte an den Ort zurück, an dem sie so viel Leid erlebt hatte, um gerade dort ihren Dienst für Christus fortzusetzen. Ihre innere Größe hatte weit reichende Konsequenzen. So wurde ein Krankenhaus errichtet, in dem Tausenden geholfen werden konnte. Gleichzeitig war es eine Ausbildungsstätte für viele Einheimische. Aber auch das persönliche Zeugnis ihres Glaubens berührte viele. Das alles aber war möglich geworden, weil Helen begriffen hatte, dass sie andere brauchte.

Wir dienen einem Retter, der sich, als er damals im Garten Gethsemane am verletzlichsten war, bereitwillig auf seine Freunde stützte. Seine Jünger durften sehen, dass ihr Herr mit Sorge und Angst kämpfte. Wie kommt es, dass wir als seine Nachfolger solche Mühe damit haben, uns gegenseitig unsere Schwächen zu zeigen? Wir wollen doch in seinen Spuren gehen.

Denkanstoß

Erlaubst du dir Zeiten der Verletzlichkeit, ohne dich dafür zu schämen? Oder tust du anderen gegenüber so, als ob alles in Ordnung wäre? Wann hast du das letzte Mal zugegeben, dass du Hilfe brauchst?

Gebet für den Tag

Herr, bitte vergib mir, wenn ich zu stolz bin, um Hilfe zu bitten. Dadurch nehme ich anderen die Möglichkeit, mir zu dienen. Danke Herr Jesus, dass du uns in deiner dunkelsten Stunde den Weg gezeigt hast.

16. Ungesunde Aufmerksamkeit

»Kommt alle her zu mir, die ihr euch abmüht und unter eurer Last leidet! Ich werde euch Frieden geben. Nehmt meine Herrschaft an und lebt darin! Lernt von mir! Ich komme nicht mit Gewalt und Überheblichkeit. Bei mir findet ihr, was euerm Leben Sinn und Ruhe gibt.« (Matthäus 11,28-29)

Wenn wir Schmerzen erleiden, kann es eine große Versuchung sein darauf zu sehen, ob andere es auch bemerken. Erlange ich damit Aufmerksamkeit? Wenn ja, dann folgt eine weitere Versuchung: uns allen Ärger, unseren ganzen Frust und unsere Schreie nach Gerechtigkeit von der Seele zu reden.

Ein dunkler Teil der menschlichen Seele sucht nach Aufmerksamkeit – egal mit welchen Mitteln. Es gibt sogar Menschen, die den Schmerz dazu benutzen, die Zuwendung zu bekommen, die ihnen sonst vorenthalten wird. Es gibt dafür sogar einen Fachbegriff: *Briquetsyndrom.* Bis zu einem gewissen Grad ist diese Methode auch erfolgreich. Allerdings verzichten wir dann auf das, was Gott an ganz persönlicher Zuwendung für uns bereithält. Brigid Hermann fordert uns auf, Folgendes zu bedenken:

»Wenn wir in Zeiten der Trauer und Not doch nur wüssten, was uns inneren Frieden bringt. Unser Gefühl für geistliche Selbsterhaltung würde uns schweigen lassen. Die Untugend, jedem, von dem wir Sympathie und Hilfe erwarten, unser Herz auszuschütten, nimmt uns jegliches Gefühl für die Realität. Es gibt Zeiten in unserem geistlichen Leben, in denen wir Beratung und Leitung brauchen. Aber nirgendwo sind Weisheit und Zurückhaltung wichtiger als hier. Unsere protestantische Praxis lässt unserem Verlangen nach Sympathie freien Lauf. Sie gibt grünes Licht dafür, unser Innerstes nach außen zu stülpen, mit so vielen intimen Details wie wir wollen. (...) Und so werden auch die bösen Erinnerungen wach gehalten.«[6]

Ira White, eine Frau aus meiner Heimatstadt, ist ein ermutigendes Beispiel. Sie zeigt, wie es gelingen kann, auf die Hilfe anderer angewiesen zu sein, ohne auf ihre Kosten zu leben. Mit einundsechzig Jahren erfuhr Ira, dass sie bald völlig blind sein würde. Sie beschloss, es *nicht* ihrem Mann zu sagen. Sein Mitleid hätte vielleicht ihre Entschlossenheit ins Wanken gebracht, diesen größten Test ihres Lebens zu bestehen.

Stattdessen erzählte sie es ihrer Schwiegertochter, und die spielte mit Ira »Hindernisspiele«. Sie band ihrer Schwiegermutter eine Binde um die Augen und gab ihr leichte Aufgaben, zum Beispiel Telefonnummern wählen, Geschirr spülen und abtrocknen, staubsaugen oder Fleisch und Gemüse schneiden. Schließlich erzählte Ira dem Rest der Familie, was passieren würde. Sie kam aber mit ihrer Behinderung schon so gut zurecht, dass sie gar nicht erst zum Mittelpunkt der Aufmerksamkeit werden musste.

Frau White war zwei Jahre lang blind. Dann konnte sie wunderbarerweise wieder sehen, und das noch zwanzig Jahre lang. Sie ging zurück auf die Kunstschule und lernte Malen und Schreiben. Mit achtzig Jahren, als sie ihren Mann verlor, machte sie aus ihrer Garage eine Malschule für Kinder. Es gab regelmäßig Feste und Kunstausstellungen. Und als sie dann wieder ihr Augenlicht verlor – sie war damals siebenundachtzig – beschloss sie, ein Buch zu schreiben. Und das tat sie auch. Gott hat ihr jeden Tag neu Kraft gegeben.

»Es nimmt dem Pfeil die Wucht, wenn man ihn schon vorher kommen sieht.« Die ersten Märtyrer, die den Löwen vorgeworfen werden sollten, gingen manchmal einen Tag vor dem Kampf ganz allein in die Arena. Sie schauten auf zu den Plätzen, auf denen Caesar und all die anderen Zuschauer sitzen würden. Sie schauten hin zu dem Eisentor, durch das ihr Feind kommen würde. Dann stellten sie sich vor, wie sie den Löwen zum Fraß vorgeworfen werden würden. Und nachdem sie sich das Allerschlimmste vorgestellt hatten, konnten sie ihrem sicheren Tod mutig ins Auge sehen. Sie hatten bereits gesiegt, bevor sie die eigentlichen Qualen erleiden mussten.

Denkanstoß

Schreib deine Gedanken zu dem Gelesenen auf. Wie könntest du es in deinem Alltag leben? Kennst du eine »Ira White«, von der du lernen kannst?

Gebet für den Tag

Herr, zeig mir, wie ich mir von anderen helfen lassen kann, ohne ein ungesundes Bedürfnis nach Aufmerksamkeit zu bekommen. Gib mir den Geist Jesu Christi. Jesus wusste, dass er zuerst deine Liebe und deine Zuwendung brauchte – vor allem anderen.

17. Das letzte Ziel des Schmerzes

»Gepriesen sei Gott, der Vater unseres Herrn Jesus Christus, der Vater voller Barmherzigkeit, der Gott, der uns in jeder Not tröstet! In allen Schwierigkeiten ermutigt er uns und steht uns bei, so dass wir auch andere trösten können, die wegen ihres Glaubens zu leiden haben. Wir trösten sie, wie Gott auch uns getröstet hat.« (2. Korinther 1,3-4)

Wenn Gordon und ich Freunde zu Besuch haben, stellen wir manchmal ein paar Fragen, um die Stimmung aufzulockern. Am Ende möchten wir dann immer wissen: »An welchem Punkt in deinem Leben hast du dich Gott am nächsten gefühlt?«

Im Laufe der Jahre habe ich in unseren verschiedenen Wohnzimmern hunderte von Antworten auf diese Frage bekommen. Die meisten schildern einen Moment, in dem ihnen das Leben dunkel erschien. Sie sprechen von schweren Zeiten, in denen ihnen aber Gott besonders nahe gekommen ist. Er gab ihnen ein Versprechen, schenkte ein plötzliches Verstehen, ein Gefühl von übernatürlicher Kraft oder Mut. Dies wurde für die meisten zu einer unvergesslichen Erfahrung, für die sie Gott immer dankbar waren. Was sagt uns das?

Unsere Intimität mit Gott kann gerade dann am tiefsten sein, wenn wir an einem Punkt großer menschlicher Not ankommen. Gott möchte genau durch solche schwierigen Momente Gutes und Wachstum in unser Leben bringen. Das muss man sich jedoch klarmachen, *bevor* man von großem Schmerz getroffen wird.

Jesus hat das getan, als er im Garten Gethsemane betete: Er hat den Schmerz vorweg empfunden und Ja zu ihm gesagt. *»Jetzt habe ich Angst. Soll ich deshalb beten: Vater, bewahre mich vor dem, was jetzt kommen wird? Nein, denn ich bin in die Welt gekom-*

men, um diese Stunde zu durchleiden. Vater, dein Name soll gerühmt und geehrt werden!« (Johannes 12,27-28)

Amy Carmichael hat gesagt, dass nur der so für andere beten kann, der auch für sich selbst in dieser Weise gebetet hat. Wenn es unser Ziel ist, schnelle Hilfe und einfache Antworten zu finden, wird auch unser Gebet für andere nicht wirklich hilfreich sein. Wie man in den Wald hineinruft, so schallt es heraus.

Mehr als einmal habe ich erlebt, dass Freunde oder Bekannte durch tief greifende Lebenskrisen gingen, durch Kummer, Enttäuschung oder Versagen. Ich war beeindruckt davon, dass diese Menschen oft eine erstaunliche Gelassenheit und Entschlossenheit an den Tag legen, wo wir, die wir daneben stehen, den völligen Zusammenbruch erwarten. Als Außenstehende stellen wir uns dann vor, wie wir in der gleichen Situation reagieren würden. Oft denken wir von uns, dass wir es nicht schaffen würden. Wir vergessen dabei aber, dass der Geist Gottes uns gerade in diesen schwierigen Zeiten mit besonderer Gnade überschütten möchte. Diese Gnade aber steht Außenstehenden nicht zur Verfügung, noch kann sie »auf Probe« erlebt werden, und oft ist sie nur für die Betroffenen sichtbar.

Die Zuschauer bei der grausamen Steinigung des Stephanus, dem ersten christlichen Märtyrer, waren sicher entsetzt über den Schmerz, den er durchleiden musste. Er starb langsam unter dem Hagel von Steinen, die seine Verfolger nach ihm warfen. Stephanus aber erlebte anscheinend genau diese Gnade. Er konnte sogar noch für seine Feinde beten. In Stephanus war vereinigt, was Schmerz bewirken kann: Andere wurden durch sein Vorbild getröstet und gestärkt, und Gott wurde gepriesen.

Denkanstoß

C. H. Spurgeon war der Meinung, dass er dem Feuer, dem Hammer und der Feile mehr zu verdanken habe, als jedem anderen Werkzeug aus Gottes Werkstatt. Er fragte sich manchmal, ob er überhaupt je etwas gelernt habe, ohne dass dabei die Rute in Aktion getreten sei. Wenn der Klassenraum dunkel sei, so sagte er, könne er am meisten sehen. Wie empfindest du diese Aussage im Blick auf dein Leben?

Gebet für den Tag

Herr, hilf mir dabei, meinen Schmerz niemals zu verschwenden. Ich fühle mich oft schwach. Aber ich bin dankbar für all die Menschen, die du mir geschickt hast, um mir deine durchtragende Gnade zu zeigen. Hilf mir, die Verantwortung für meine Reaktionen auf Schmerz und Leid selbst zu übernehmen. Ich möchte gerne eines Tages zurückblicken können und sehen, dass ich nicht wie ein Opfer gehandelt, sondern deinem Ziel gedient habe.

18. Nicht den Humor verlieren

Ein freundlicher Blick erfreut jeden. (...) (Sprüche 15,30)

Ich bin von Natur aus ein ernster Mensch. Deshalb fühle ich mich wohl sehr zu Menschen hingezogen, die Sinn für Humor haben. Eine Freundin von mir hatte lange unter einer schweren Depression gelitten. Sie erzählte mir, sie hätte durch ihr Vorschulkind die heilende Wirkung des Lachens entdeckt. Ihr Kind war rückwärts in eine Pfütze gefallen. Statt zu weinen – wie die Mutter erwartet hatte – schaute das Mädchen zu den Bäumen hoch und rief: »Guck mal wie hübsch die Blätter sind, Mama!« Da brach meine Freundin in Lachen aus.

Einer meiner »Bücherfreunde«, Samuel Logan Brengle, hatte sein Leben vor über fünfzig Jahren den Armen verschrieben. Er arbeitete unter ihnen als Evangelist und Pfarrer. Eines Nachts wurde er in Boston von einem wütenden, betrunkenen Mann angepöbelt, der ihm einen Ziegelstein an den Kopf warf. Der alte Evangelist wurde schwer verletzt und schwebte wochenlang zwischen Leben und Tod. Mehr als achtzehn Monate lang konnte er nicht arbeiten. Er erlebte mehrere Anfälle von Depression und Kopfschmerzattacken, die ihn von nun an sein ganzes restliches Leben begleiteten.

Während er sich erholte, schrieb Brengle ein kleines Buch, das von der Heilsarmee in der ganzen Welt verteilt wurde. Es wurde in viele Sprachen übersetzt und für hunderttausende von Menschen zu einer Quelle der Kraft. Wenn jemand ihm ein Kompliment für sein Buch machen wollte, hat er nur geantwortet: »Na ja, wenn der kleine Stein nicht gewesen wäre, gäbe es jetzt kein kleines Buch.«[7]

Meg ist eine Freundin, von der ich gelernt habe, den Humor im Unglück zu sehen. Kurz nachdem sie ihr Leben Jesus übergeben hatte, schrieb sie einen Weihnachtsrundbrief an ihre Freunde. Megs Niere hatte im vergangenen Jahr versagt. Wenn nicht eine Spenderniere gefunden würde, müsste sie für den Rest ihres Lebens mindestens dreimal in der Woche zur Dialyse. In ihrem Brief schrieb sie:

»Im Juli, als meine Nieren plötzlich versagten, war der Tod nah und sehr real. Aber nachdem mein Kopf wieder frei war von den Giften, und ich ›zurückgekommen‹ war, wurde jeder neue Tag zu einer Zugabe, zu einem Extrageschenk an Zeit. Es war, als hätte ich meine Nieren (die ich mit dem Rest meines Körpers ohnehin irgendwann hätte abgeben müssen) gegen eine Beziehung zu Gott eingetauscht (die ich nicht mehr abgeben muss). (...) Wenn ich den Plan für mein Leben selbst gemacht hätte, hätte ich es mir etwas leichter gemacht. Vielleicht hätte ich mich für Plattfüße entschieden, oder für eine juckende Hautkrankheit, irgendetwas weniger Dramatisches. Aber ›seine Gedanken sind größer als unsere Gedanken und seine Wege besser als unsere Wege‹.«

Denkanstoß

Welche Menschen hast du gerne um dich, wenn dein Leben aus der Bahn gerät? Helfen sie dir dabei, in der Situation den Humor nicht zu verlieren? Oder machen sie durch ihr negatives Reden alles nur noch schlimmer? Kannst du durch deinen Humor Hoffnung und Licht in das Leben anderer bringen?

Gebet für den Tag

Lieber Herr, ich weiß, wie gut es tut zu lachen, und doch gelingt es mir oft genug nicht, den Humor zu bewahren. Vergib mir. Danke für all die Menschen, die du mir geschickt hast, um mir die »bunten Blätter« zu zeigen, wenn ich in der Pfütze liege.

19. Jesus kennt unsere Zweifel

Stärkt die kraftlosen Hände! Lasst die zitternden Knie wieder fest werden! Sagt denen, die sich fürchten: »Fasst neuen Mut! Habt keine Angst mehr, denn euer Gott ist bei euch!« (Jesaja 35,3-4)

Jemand hat einmal etwas sehr Weises gesagt: »Gott macht unsere Last nicht immer leichter, manchmal stärkt er nur unseren Rücken.« Als der Auftrag von Johannes dem Täufer sich zum Ende neigte, saß er im Gefängnis. Er durchlitt dort eine Zeit der Schwäche und der Zweifel. Er schickte eine Nachricht an Jesus: *»Bist du wirklich der Retter, der kommen soll, oder müssen wir auf einen andern warten?« (Matthäus 11,3)*

Was steckte hinter dieser Frage von Johannes? Massive Zweifel. Vielleicht handelte Jesus nicht so, wie Johannes es erwartet hatte. Aber Jesus wies Johannes nicht zurecht. Stattdessen sandte er eine Antwort, die für Johannes wirklich ermutigend gewesen sein muss. Jesus sagte:

»Geht zu Johannes zurück und erzählt ihm, was ihr miterlebt habt: Blinde sehen, Gelähmte gehen, Leprakranke werden geheilt, Taube hören, Tote werden wieder lebendig, und den Armen wird die frohe Botschaft verkündet. Sagt ihm außerdem: Glücklich ist jeder, der nicht an mir zweifelt.« (Matthäus 11,5-6)

Was hat Jesus getan? Er hat Johannes' Anfrage mit Worten aus dem Buch Jesaja beantwortet. Von diesem Propheten waren aber sowohl Johannes' als auch Jesu Verkündigung inspiriert. Jesaja hat davon gesprochen, was der Messias tun würde (Jesaja 35). Jesus hat damit die Last von Johannes nicht leichter gemacht, aber er hat seinen Rücken gestärkt.

So einfühlsam ist Jesus mit dem zweifelnden Johannes umgegangen. Er hätte Johannes auch mit einer Predigt in den Rücken fallen können, nachdem die Boten fort waren. Wäre es nicht auch völlig gerechtfertigt gewesen, der wartenden Menge, die Zeuge dieses Austausches geworden war, zu sagen: »Es ist eine Schande mit Johannes. Ich weiß, dass es ihm nicht gut geht im Gefängnis. Aber er ist ein gutes Beispiel dafür, was passiert, wenn man anfängt zu zweifeln. Macht es nicht wie er!«

Stattdessen sagt er: *»Das eine versichere ich euch: Von allen Menschen, die je geboren wurden, ist keiner bedeutender als Johannes der Täufer« (Matthäus 11,11).* Als Johannes seine massivsten Zweifel hatte, wies Jesus darauf hin, wie wertvoll er war. Jesus konnte mit den Zweifeln von Johannes umgehen. Sie schienen ihn weder zu überraschen noch aufzuregen.

Ich hatte diese Art von Zweifel in meiner Kindheit und Jugend nicht kennen gelernt. Als geliebtes Kind hatte ich nie ein Problem mit Autorität. Das galt auch für meine Beziehung zu Gott. Während unserer Krisenzeit musste ich dann feststellen, dass auch an mir tiefe Zweifel fraßen. Bibellesen fiel mir schwer; alleine beten war der reinste Kampf. Tief in mir rumorten Fragen. Aber ich hatte Angst, mich ihnen zu stellen.

Ohne es selbst zu merken, hatte ich für mich ein System entwickelt, wie Gott wann handelt. Als dann bestimmte Dinge ganz anders liefen, passte Gott nicht mehr in die Schublade, in die ich ihn gesteckt hatte. Sein Verstehen ist grenzenlos – meines dagegen sehr begrenzt. Ein Freund, der mich seit über zwanzig Jahren kannte, musste mir ein paar harte Wahrheiten sagen. Er öffnete mir erst die Augen dafür, dass ich tief in Zweifeln steckte! Als ich das erst einmal vor mir selbst zugegeben und zu Gott gebracht hatte – wie Johannes bei Jesus – stellte sich langsam wieder ein Gefühl der Befreiung und des inneren Friedens ein.

Denkanstoß

Hast du jemals an Gott gezweifelt? Was hast du mit den Zweifeln gemacht? Hast du sie ernst genommen oder sie weit von dir gewiesen? Bitte Gott darum, dass du seine bedingungslose Liebe spüren kannst. Dann bring ihm ohne jeden Vorbehalt deine Zweifel. Du kannst Gott vertrauen. Er wird dich durch deine Zweifel hindurch wieder neu das Vertrauen in ihn finden lassen.

Gebet für den Tag

Vater im Himmel, manchmal scheinen meine Nerven bloßzuliegen und mein Wille schwach zu sein. Bitte komm genauso zu mir, wie du zu Johannes gekommen bist. Gib mir die Gewissheit, dass du mit mir zusammen durch das Chaos gehst. Danke, dass du Johannes seine Zweifel nicht übel genommen hast. Das macht mir Mut. Dann kann auch ich mit meinen Zweifeln zu dir kommen.

20. Nur auf den Herrn sehen

Dabei wollen wir nicht nach links oder rechts schauen, sondern allein auf Jesus. Er hat uns gezeigt, wie man diesen Lauf beginnt und als Sieger ans Ziel gelangt. Weil große Freude auf ihn wartete, erduldete Jesus den schmachvollen Tod am Kreuz. Jetzt hat er als Sieger den Platz an der rechten Seite Gottes eingenommen. Vergesst nicht, wie viel Hass und Anfeindung er von gottlosen Menschen ertragen musste, damit auch ihr in Zeiten der Verfolgung nicht den Mut verliert und aufgebt. (Hebräer 12,2-3)

Gordon und ich waren in der Schweiz wandern. Wir ruhten uns gerade von einer langen Wanderung über einen Bergpass aus, als wir aus dem Tal das Bellen eines Hundes hörten. Die Ruhe war dahin. Über den Weg unterhalb von uns kam ein Bauer mit einem großen Hund. Die Zwei wollten zu einer Herde brauner Kühe, die überall um uns herum auf der Alm grasten.

Mit unserem Fernglas konnten wir die Szene gut beobachten. Es war deutlich, dass der Bauer seine Kühe zusammentreiben und auf eine andere Weide bringen wollte. Er und sein Hund arbeiteten zusammen.

Wir waren fasziniert von dem, was dann passierte. Der Bauer zeigte einfach nur auf eine weit entfernt stehende Kuh, und schon sprang der Hund in ihre Richtung davon. Er fing an zu bellen und biss der Kuh immer wieder leicht ins Hinterbein. Schließlich setzte sie sich in Bewegung – in Richtung Bauer. Die anderen Kühe bemerkten es, und bald liefen sie alle auf den Bauern zu.

Als er seine Aufgabe erledigt hatte, kehrte der Hund zu seinem Herrn zurück. Er kroch schwanzwedelnd vor dessen Füße, seine Augen fest auf ihn gerichtet in Erwartung einer neuen Aufgabe. Der Bergbauer und sein Hund arbeiteten als Team perfekt zusammen. Wir waren tief beeindruckt von der Aufmerksamkeit, mit der der Hund auf die Wünsche seines Herrn reagierte. Er schien nichts anderes im Sinn zu haben, als immer wieder zu seinem Herrn zurückzukehren, sich vor dessen Füße zu setzen und auf einen neuen Befehl zu warten. Erstaunlich!

Dieses Bild nahmen wir mit nach Hause: Der Hund, der seine Augen unablässig auf seinen Herrn gerichtet hat. Uns wurde bewusst, dass es genau diese Hingabe ist, die unserem himmlischen Herrn gebührt. An jenem Nachmittag haben wir dafür gebetet, solche Augen zu bekommen: Augen, die fest auf den Herrn gerichtet sind in Erwartung der kleinsten Geste.

Mir fiel in diesem Zusammenhang ein Hund ein, den Gordon und ich bei unseren täglichen Spaziergängen zuhause treffen. Dunno ist das völlige Gegenteil. Abgesehen davon, dass er jeden Vorübergehenden laut anbellt, scheint er völlig nutzlos zu sein. Er liegt faul in der Sonne, bis wir auf ungefähr dreißig Meter an sein Grundstück herangekommen sind. Dann fängt er explosionsartig an zu bellen. Und er jault und bellt weiter, bis wir außer Sichtweite sind. Dann legt er sich wieder hin und wartet auf den nächsten Spaziergänger.

Zwei sehr verschiedene Hunde. Einer »bittet« seinen Herrn um eine Möglichkeit, ihm zu dienen. Der andere »bittet« darum, dass sich die Menschen gefälligst aus dem Staub machen sollen. Einer wackelt mit dem Schwanz vor lauter Enthusiasmus; der andere scheint sich über jede Störung nörgelnd zu beklagen.

Zu welcher Sorte gehöre ich, Herr?, habe ich leise gefragt, als wir uns wieder auf den Weg machten. *Bin ich ein bellender Nichtsnutz? Oder bin ich ein ergebener Diener, immer bereit etwas für dich zu tun?*

Père Didon wurde Ende des 19. Jahrhunderts bekannt durch seine Arbeit mit Kindern. Er schrieb denjenigen, die mit ihm zusammenarbeiten wollten, vorher folgende Zeilen:

»Ich kann keine Mitarbeiter gebrauchen, die nur unter bestimmten Voraussetzungen zu mir kommen. Im Kampf braucht man Soldaten, die sich vor nichts fürchten. Streck dich aus und lass dir noble Opfer nie zu groß erscheinen. Sag niemals zu dir selbst: ›Es reicht.‹ Versuch, dich immer noch weiter auszustrecken. Gefühle sind nur wenig wert; der Wille ist es, der zählt. Gott wird dir nicht wegen deiner Gefühle Vorhaltungen machen, denn es liegt nicht in der Macht des Menschen sie abzuwehren oder sich mit ihnen zu verbünden. Es ist der Wille, auf den Gott im Menschen achtet. Wir können lediglich unser Wollen beeinflussen – und unsere Liebe.«[8]

Denkanstoß

Wohin sehen deine Augen heute? Dein guter Hirte wünscht sich deine Nähe. Lies Hebräer 12,2-3 noch einmal. Bist du heute bereit, Jesus Christus ganz zu gehorchen – egal was es kostet?

Gebet für den Tag

Danke, Herr, dass deine Augen immer auf mich gerichtet sind. Ich möchte aufmerksam und wach sein, um auch deinem kleinsten Befehl zu folgen. Vergib mir, wo ich zu sehr mit meinen eigenen Interessen beschäftigt war. Oder zu viel Angst vor Leid und Schmerz hatte, um deinen Wünschen Folge zu leisten. Mach meine Seele mutig und stark, Herr. Ich möchte die Freude deines liebenden Herzens kennen lernen.

Teil 3

Mut zur Suche nach dem richtigen Weg

Jeder Tag in der Nachfolge Christi ist ein Abenteuer. Wir können es entweder einfach ertragen oder ihm erlauben, Begeisterung und Schwung in unser Leben zu bringen.

Die Gedanken des folgenden Teils sollen uns helfen, klarer zu erkennen, wo wir stehen: Glauben wir wirklich, was Jesus gesagt hat?

Gott hat uns aufgefordert, auf seinen Wegen zu gehen. Wenn wir ihm folgen wollen, müssen sich unsere Einstellungen und unser Verhalten zuerst an seinem Willen orientieren.

Im dritten Teil dieses Buches begegnen wir Menschen, deren Leben sich verändert hat, weil sie sich dafür entschieden haben, Gott beim Wort zu nehmen.

21. Wem folgst du?

Ich war in eine verzweifelte Lage geraten – wie jemand, der bis zum Hals in einer Grube voll Schlamm und Kot steckt! Aber er hat mich herausgezogen und auf festen Boden gestellt. Jetzt haben meine Füße wieder sicheren Halt! (Psalm 40,3)

Corrie ten Boom kam während des 2. Weltkriegs ins Gefängnis, weil sie ihre jüdischen Nachbarn versteckte. Sie hat einmal gesagt, man solle niemals Angst davor haben, einem bekannten Gott eine unbekannte Zukunft anzuvertrauen. Genauso hat sie gelebt. Sie musste diesem Gott, den sie so gut kannte, tiefes Vertrauen entgegenbringen, denn sie verlor ihren Vater und ihre Schwester im Holocaust und wusste nicht, was auf sie zukam. Der Vers aus Psalm 40 war Realität in ihrem Leben.

Ähnlich ging es auch Gordon und mir. Es gibt Strecken auf meinem Lebensweg, die ich mir nicht selbst ausgesucht hätte. Aber wenn ich zurückschaue, sehe ich, dass Gott dunkle Tage in gesegnete Zeiten verwandelt hat. Menschen wie Corrie ten Boom und Amy Carmichael, die ich ja nur aus Büchern kenne, waren mir Vorbilder darin, dass wir gerade in schlechten Zeiten Gott vertrauen sollen. Amy hat in den zwanzig Jahren, in denen sie ans Bett gefesselt war, ihre besten Bücher geschrieben und ein tiefes Vertrauen aufgebaut. Sie hat immer wieder daran festgehalten, dass ihre Schmerzen bleibende Früchte tragen würden. Wenn ich in unsicheren Zeiten eine feste Basis brauchte, haben mir Ermahnungen wie die folgende geholfen, der Wahrheit zu gehorchen, egal wie ich mich *gefühlt* habe.

»›Alles, nur das nicht, Herr‹, so hast du vielleicht gebetet. Und plötzlich hast du gemerkt, dass deine Füße gerade auf diesen Weg gestellt wurden. Hältst du trotzdem immer noch an deinem Glauben fest, an dem Glauben, dass er dich den richtigen Weg führt? Gerade sieht er so gar nicht perfekt aus. Er wirkt wie eine Straße, die ihre Richtung verloren hat; eine kaputte Straße, eine gewundene Straße, ein großer Fehler. Und doch: Entweder ist es der richtige Weg. Oder all das, was du geglaubt hast, zerrinnt zwischen deinen Fingern wie Sand. Es gibt keinen Mittelweg zwischen Glaube und Verzweiflung. Das Leben ist eine Reise. Es ist eine Klettertour. Und es ist immer auch ein Kampf.«[1]

Ich habe nie erwartet, dass ich ein Leben ohne Misserfolge führen würde, was mich selbst betrifft oder die Menschen, die mir nahe stehen. Aber was mich wirklich unvorbereitet traf, waren öffentliche Demütigungen. Manchmal scheint es, als ob Gott sagen würde: »Daraus mache ich eine Prüfung. Und wenn der Prüfling ein ›Ja‹ dazu findet, dann will ich die beschämende Zeit zum Segen werden lassen.«

Um solche Erfahrungen freiwillig annehmen zu können, musste das Leiden Jesu zu meiner Orientierung werden. Ich rief mir ins Gedächtnis, dass er nackt ausgezogen und an ein Kreuz genagelt wurde – *vor den Augen seiner Mutter!* Konnte ich da Dinge aus meinem Leben ausklammern wollen, die er für mich auf sich genommen hatte? Und abgesehen davon: *Wir* haben die Not und die Schmerzen verdient; er nicht. Wir können uns frei gegen die Gebote Gottes entscheiden, aber die Konsequenzen müssen wir tragen.

Vielleicht bist du gerade auf einem Wegabschnitt, der aussieht, als könne nichts Gutes aus ihm erwachsen. Das kleine Wörtchen »Ja« kann alles verändern. Sag »Ja« zur Demütigung. Sag »Ja« zur Tiefe des Schmerzes. Sag »Ja« zum Gebet. Sag »Ja« zum Ruhigwerden. Sag »Ja« zur Gnade. Sag »Ja« dazu, aller Äußerlichkeiten beraubt zu werden. Sag »Ja« zur bedingungslosen Liebe. Sag »Ja« zum Leben! Ebenso musst du dich entscheiden »Nein« zu sagen. Sag »Nein« dazu, anderen die Schuld zu geben. Sag »Nein« dazu, dich zu ärgern. Sag »Nein« dazu, dich der Wahrheit zu widersetzen. Sag »Nein« dazu, Ausflüchte zu machen. Sag »Nein« dazu, dich mit anderen zu vergleichen. Sag »Nein« dazu, Hass oder Verleumdung Raum zu geben. Ruth Graham hat das erkannt, als sie schrieb:

»Herr, oft bin ich müde und leer
und mein Herz ist verzagt und wund.
Ich trage an allem zu schwer
und wär' doch so gerne gesund.

Erquicke du dann meine Seele
und rühre mich an im Gebet,
dass ich wie ein Kind wieder fühle,
dass der Herr mich hört und versteht.«[2]

Denkanstoß

Bist du bereit, dem Erlöser auch dann zu folgen, wenn er dich bittet, dich demütigen zu lassen, wie er sich demütigen ließ? Welche Bedeutung haben die Gedanken von Amy Carmichael für dich heute? Glaubst du, dass das Leben ein Weg ist und immer auch ein Kampf? Verändert diese Sicht dein Verhalten?

Gebet für den Tag

Großer Gott, ich kenne mich selbst gut genug. Ich weiß, dass ich am liebsten den einfachsten Weg aus den Schwierigkeiten wähle, wenn es ernst wird. Ich bitte dich, dass du in solchen Augenblicken kommst und mich daran erinnerst, dass ich deinen Spuren folgen soll. Ich wünsche mir, dass die Worte König Davids auch für mich Wirklichkeit werden: *»Als ich zu dir um Hilfe schrie, hast du mich erhört und mir neue Kraft geschenkt« (Psalm 138,3).*

22. Vorbilder im Glauben

Ihr behauptet: »Es bringt nichts, Gott zu dienen. Was haben wir davon, wenn wir uns nach seinen Weisungen richten und ihm zeigen, dass wir unsere Taten bereuen? Wie gut haben es die Menschen, die sich gegen den Herrn auflehnen! Seit sie ihm den Rücken gekehrt haben, geht es ihnen viel besser. Sie kommen ungestraft davon, obwohl sie Gott frech die Stirn bieten!« Dann aber redeten diejenigen miteinander, die noch Ehrfurcht vor dem Herrn hatten, und der Herr hörte ihnen zu. In einem Buch ließ er die Namen aller aufschreiben, die ihn achten und seinen Namen nicht in den Schmutz ziehen. Der Herr, der allmächtige Gott, sagt: »An dem Tag, wenn ich mein Urteil spreche, werden diese Menschen zu mir gehören. Ich will sie verschonen, so wie ein Vater seinen Sohn verschont, der zu ihm gehalten hat. Dann werdet ihr den Unterschied sehen zwischen einem Menschen, der mir die Treue hält, und einem Gottlosen; ihr werdet erkennen, welche Folgen es hat, ob jemand mir dient oder nicht.« (Maleachi 3,14-18)

Ich finde diesen Text ermutigend! Es war auch für andere immer wieder ein Kampf, sich für den richtigen Weg zu entscheiden. Wirklich prägen können uns vor allem solche Menschen, die ihr Leben demütig für andere leben.

Christy Wilson ist einer der demütigsten Menschen, die Gordon und mir je begegnet sind. Mit seiner Frau Betty zusammen diente er Gott viele Jahre lang in Afghanistan. Als Pfarrer in Kabul baute er mit seiner Gemeinde zusammen ein Gebäude für ihre Gottesdienste. Eines Tages wurden die Wilsons von der Regierung gezwungen, das Land zu verlassen. Sie wollten bleiben, aber sie konnten nichts gegen die Entscheidung tun. So endete ihr Dienst in Kabul. Später verlangte die Regierung von der Gemeinde: Verlasst das Gebäude. Es sollte zerstört werden.

Gordon und ich können uns noch an ein Telegramm engagierter Christen erinnern. Sie forderten die Nachfolger Christi in aller Welt auf, für den Schutz dieses Kirchengebäudes zu beten. Tausende beteten um ein Wunder der Befreiung für diesen Ort des Gottesdienstes. Aber Gott hatte eine andere Art der Befreiung im Sinn – eine Befreiung des Herzens.

Nachdem die Wilsons in die Vereinigten Staaten zurückgekehrt waren, bekamen sie die Nachricht, dass Bulldozer der afghanischen Armee ausgerückt seien, um die Kirche zu zerstören. Später erzählte Betty einigen von uns von ihrem langen Warten auf Nachrichten aus Afghanistan. Die Reaktion ihres Mannes, als sie hörten, dass das Gebäude dem Erdboden gleichgemacht worden war, verwunderte uns: Er fiel auf die Knie und dankte Gott. Warum handelte er so? Als die Christen aus Kabul bei der Kirche den Soldaten und ihrer schweren Ausrüstung begegneten, boten sie ihnen Tee und Plätzchen an. Und das während die Soldaten ihren Zerstörungsauftrag ausführten! Kein Wunder, dass Dank die Reaktion von Dr. Wilson war.

Die Gläubigen hatten sich für den richtigen Weg entschieden. Sie hätten auch jammern und sich bei Gott beklagen können: Die Bösen kommen ungeschoren davon, während deine eigenen Leute ihren Ort des Gottesdienstes verlieren. Aber die Gemeinde hatte gelernt, dass wahre Freiheit darin liegt, sogar seine Feinde zu lieben. Wenn das nicht das größere Wunder war! Sie sagten »Ja« zu Gottes Weg.

Der Prophet Maleachi erzählt uns, dass Gott solche Schätze in Ewigkeit festhält. Nichts, was wir in seinem Namen tun, geht verloren. Er vergisst es nicht. Hör also nicht auf zu lieben und gib ab, ohne darüber nachzudenken, was du zurückbekommst.

Denkanstoß

Welche Gedanken haben in unserem Herzen die Oberhand: »Das ist nicht fair« oder »Ich könnte meinen Feinden Tee und Plätzchen anbieten«? Dr. Wilson ist vor kurzem gestorben. Wer wird seine Nachfolge antreten? Was an dieser Geschichte fordert dich heraus, geistlich zu wachsen?

Gebet für den Tag

Herr, ich habe gelesen, was diese Menschen getan haben. Es ist ein Zeichen deiner Gnade auf Erden. Danke, dass du Menschen die innere Kraft dazu gibst, solche Dinge gemeinsam und mit echter Freude zu tun. Ich bitte dich für mich und meine Gemeinde: Lass auch uns bereit sein zu solchen Opfern. Hilf uns, unsere Selbstsucht zu überwinden.

23. Schnappschuss oder Film?

Barmherzig und gnädig ist der Herr, groß ist seine Geduld und grenzenlos seine Liebe! Er beschuldigt uns nicht endlos und bleibt nicht immer zornig. Er bestraft uns nicht, wie wir es verdienen; unsere Sünden und Verfehlungen zahlt er uns nicht heim. (Psalm 103,8-10)

In den neununddreißig Jahren unserer Ehe haben sich bei Gordon und mir viele Meter Film angesammelt. Dazu kommen unzählige Fotos und Dias von den großen und kleinen Ereignissen in unserem Leben. Jedes dieser visuellen Erinnerungsstücke bezieht sich auf einen Moment in unserer Familiengeschichte. Und wir sind noch nicht am Ende angelangt.

Als unsere Kinder Teenager waren, sahen sie nicht gern Bilder aus ihrer Kindheit. Viele Situationen waren ihnen peinlich und sie wollten nicht mehr damit in Verbindung gebracht werden. Wenn wir Rückschläge oder Niederlagen erleiden, fühlen wir uns genauso. Ich habe daher gelernt, Verständnis dafür zu haben. Es gibt immer Menschen, die uns mit zurücknehmen in vergangene Tage und uns alte Bilder von unseren eher infantilen Augenblicken zeigen.

Wenn andererseits jemand uns enttäuscht hat, ist die Versuchung groß, das als Bumerang zu benutzen oder deshalb eine Mauer zu errichten. Durch ständiges Aufrechnen früherer Fehler wächst die Distanz zum anderen. Dadurch wird es immer schwieriger, die Beziehung wieder in Ordnung zu bringen. Vielleicht fühlen wir uns sogar im Recht, denn die Person hat uns schließlich verletzt. Allerdings spiegelt dieses Verhalten nicht die Gnade unseres Erlösers wider.

Christus erinnert uns nicht an all unsere vergangenen Fehler. Es ist fast so, als würde er zu uns sagen: »Das Leben ist kein Schnappschuss, auf dem deine Existenz an einem Punkt für immer und ewig festgelegt ist. Es gleicht eher einem Film oder einem Video: Es geht immer weiter, Augenblick für Augenblick, manche davon traurig, manche großartig. Ich habe die Kamera nicht bei den eigenwilligen Augenblicken angehalten, um dieses Bild von dir für immer festzuhalten. Ich sehe deine Reue, deinen neuen Anlauf, um mir weiter zu dienen. Lass uns also zum nächsten Bild des Films übergehen und uns an deinem weiteren Wachstum freuen.«

Denkanstoß

Gibt es im Fotoalbum deines Lebens Bilder, die du lieber zerreißen und wegschmeißen würdest? Ein vorschnelles Wort, eine gedankenlose Tat, eine verletzende Bemerkung, die du am liebsten ungeschehen machen würdest? Schreib diese Erfahrungen auf, und ebenso die Worte von anderen, die dich am meisten verletzt haben. Leg den Zettel in ein feuerfestes Gefäß und verbrenne die Liste. Dabei bete folgendes Gebet:

Gebet für den Tag

Herr, ich danke dir, dass du mein Leben als einen Prozess siehst. Vergib mir in deiner großen Gnade meine genannten Sünden. Hilf mir, mich denen zu nähern, die ich verletzt habe. Ich lege dir .... in die Hände. Ich bitte dich um deine Kraft, damit ich ihr/ihm vergeben kann. Erst dann ist mein weiterer Weg nicht belastet von Ablehnung oder Bitterkeit. Ich danke dir, dass du mich nicht auf vergangene Fehler festnagelst. Schenk mir deine Gnade. Gib auch mir die Fähigkeit, andere nicht auf die Fehler festzulegen, die sie in ihrer Vergangenheit gemacht haben. Danke, dass du mein Gebet hörst.

24. Nicht allein in der Dunkelheit

»Ich zerbreche beinahe unter der Last, die ich zu tragen habe. Bleibt bei mir und lasst mich nicht allein. (...) Mein Vater, wenn es möglich ist, so bewahre mich vor diesem Leiden! Aber nicht mein Wille soll geschehen, sondern dein Wille.« (Matthäus 26,38-39)

Worum bat Jesus vor den mit Angst erwarteten Stunden am Kreuz seine Freunde? Um Mitgefühl? Nicht wirklich. Er sehnte sich einfach nach ihrer Gesellschaft, denn er kämpfte gegen die größte aller Versuchungen: Am liebsten wäre er dem Leiden entflohen, das vor ihm lag. Er überwand jedoch die Versuchung und gelobte Gehorsam – »dein Wille geschehe«. Aber er hätte sich gewünscht, die Last dieses Gebetes mit seinen Jüngern zu teilen. Unsere besten Freunde sind die, die das für uns tun können.

An einen Tag erinnere ich mich besonders. Es war einer der schlimmsten meines Lebens. All die Verheißungen und Dinge, die ich gelernt und gelehrt hatte, schienen mir zu entgleiten, als ich sie am meisten brauchte. Ich war nicht in der Lage, mich selbst aus dieser Stimmung zu befreien. Ein Gefühl der Verzweiflung und des Pessimismus verschlang mich.

Damals hatten Gordon und ich einen Freund, einen presbyterianischen Pfarrer, der viele Meilen von uns entfernt wohnte. Wir telefonierten regelmäßig. Er schickte uns auch oft Bücher und Artikel zur Ermutigung und Lehre. Wenn wir Gebetsanliegen hatten, konnten wir uns auf seine Fürbitte verlassen. Oft fragte er so lange geduldig nach, bis wir eine Antwort auf die Bitte bekommen hatten.

Eines Nachts wachte er kurz nach dem Einschlafen wieder auf. Der Geist Gottes sagte ihm, dass er für Gail MacDonald beten sollte. Gehorsam stand er auf und betete, die ganze Nacht hindurch. Als er in der Bibel auf Verse stieß, in denen es um Hoffnung ging, las er sie und dachte dabei an mich. Dann schrieb er sie auf und schickte sie mir am nächsten Tag mit der Post.

Unser Freund konnte nicht wissen, dass ich genau in dieser Nacht einen der großen geistlichen Kämpfe meines Lebens ausfocht. Und ich konnte nicht wissen, dass er für mich betete. Ich wusste aber am nächsten Morgen nach dem Aufwachen, dass der Kampf vorbei war. Das erdrückende Gewicht des vorherigen Tages war verschwunden und hatte neuer Hoffnung Platz gemacht. Der Unterschied zwischen den beiden Tagen war extrem. Ich hatte so etwas noch nie erlebt. Wie war diese Befreiung geschehen?

Drei Tage später kam der Brief unseres Freundes mit den Bibelstellen. Da begriff ich, wem ich die Hoffnung in meinem Herzen zu verdanken hatte. Dieser Freund hatte mich im Gebet vor den Einen gebracht, genau wie Jonathan es viele, viele Jahre vorher mit David getan hatte (*1. Samuel 23,16)*. So wurde mein Herz von Gott gestärkt. Ich werde diesem Mann immer dankbar sein. Er hat mir den Schlaf einer Nacht und seine Zuwendung geschenkt, obwohl ich so weit weg war.

Robert Rains erzählt von einer jungen Frau, die mit einem Offizier verheiratet war. Ohne es zu wollen, musste sie in einer Wüste des mittleren Westens leben, während ihr Mann seinen militärischen Pflichten nachging. Sie hasste das Wüstenleben. Sie schrieb einen Brief an ihren Vater, in dem sie sich über die fehlende Vegetation und das allgemeine Elend eines Lebens in dieser Umgebung beklagte. Der Vater antwortete mit einem einfachen, alten Reim:

»Zwei Männer schauten aus dem Fenster einer Kaserne;
der eine sah Dreck, der andere sah Sterne.«

Nachdem sie über die Bedeutung dieses Zweizeilers nachgedacht hatte, beschloss sie, aus ihrer »Wüstenkaserne« einen Ort zu machen, an dem man die Sterne sehen kann. Sie begann, das Leben in der Wüste zu erforschen, und wurde zu einer der führenden Experten für Kakteen.

Der Vater hätte seiner Tochter das Leben erleichtern können, indem er ihr Recht gegeben hätte in ihrem Klagen. Er hätte ihr ein Flugticket schicken und sie nach Hause zurückholen können. Er tat es nicht. Er tröstete sie mit Worten, die eine Herausforderung waren. Manchmal brauchen wir jemanden, der für uns betet oder uns ermahnt. Nur so überwinden wir die dunklen Nächte unserer Seele und finden dadurch den Mut, nach dem richtigen Weg zu suchen.

Denkanstoß

Wann hast du zum letzten Mal Gottes Stimme durch die Zuwendung eines Freundes oder geistlichen Mentors gehört? Wann warst du zum letzten Mal so ein Tröster wie unser Freund für jemand anders? Wir sollen Tröster sein, die andere auf Christus hinweisen. Aber auch wir brauchen ein oder zwei Menschen, die uns trösten, wenn wir aufrecht durch unsere dunklen Zeiten gehen wollen. Nenne die Namen deiner »Tröster« und danke Gott dafür, dass es sie gibt.

Gebet für den Tag

Danke, Herr Jesus Christus, dass du dich entschlossen hast, das große Leid zu tragen. Damit haben wir in dir einen Hohenpriester, der all das durchlitten hat, was wir durchleiden. Auf deine Arme können wir uns stützen, sie umfangen uns liebevoll und lassen uns nicht mehr los. Lehre mich immer mehr, wie ich Stütze und Trost für andere sein kann. Lehre mich, wie ich mich von anderen trösten lassen kann, ohne mich dafür zu schämen.

25. Demut

Wie es im Herzen eines Menschen aussieht, erkennt man an seinen Worten. (Matthäus 12,34)

Gerade wenn wir durch unruhige und schwierige Zeiten gehen, brauchen wir Freunde und Vorbilder. Sie können uns ermutigen, nicht mit dem Strom zu schwimmen. Denn wir leben in einer Zeit voller Unversöhnlichkeit. Die Worte »ich« und »mein« scheinen die wichtigsten zu sein. Wenn wir uns auf das Niveau des heute allgemein üblichen Verhaltens begeben, riskieren wir damit den Verlust der Gesundheit unserer Seele. Die Worte von François Fénelon haben mich in diesem Zusammenhang oft berührt:

> »Lass es zu, dass du gedemütigt wirst. Es tut der Seele gut, wenn es gelingt, auch unter solchen Umständen die innere Ruhe zu bewahren. (...) Ärgere dich nicht über das, was die Leute sagen. Lass sie reden, während du versuchst, nach dem Willen Gottes zu leben. Denn den Willen der Menschen wirst du niemals ganz befriedigen können, auch ist es der Mühe nicht wert. Ruhe, Friede und Einssein mit Gott – dies alles sollte dir Trost genug sein, egal, was die Menschen Falsches über dich sagen. Du sollst freundlich zu ihnen sein, ohne Freundschaft von ihnen zu erwarten. Sie kommen und gehen. Lass sie gehen – sie sind wie Spreu, die vom Wind in alle Richtungen verweht wird.«[3]

Ein englischer Bischof, der hart an sich arbeitete, um so ein Mensch zu werden, hat einmal gesagt: »Dreißig Jahre lang habe ich versucht, das Antlitz Jesu in jenen zu sehen, die anderer Meinung waren als ich.« Demut ist nötig, um den Wert der für uns anscheinend so abwegigen Meinungen zu erkennen. Den Wert der anderen zu entdecken, aber auch zu sehen, wo sie uns schaden. Jede Generation war und ist vor diese Herausforderung gestellt. Stolz stirbt nur langsam.

Denkanstoß

In der Sammlung der Sprüche wird uns gesagt: *»Worte haben Macht: Sie können über Leben und Tod entscheiden« (Sprüche 18,21).* Findest du es schwierig, nicht alles gleich auszusprechen, was du denkst? Dann werden vielleicht auch deine Beziehungen schwierig sein. Mit dem Mund drücken wir oft nur aus, was wir in unseren Herzen an Gedanken zulassen. Mach einen neuen Anfang, indem du dich wieder an der Demut und Selbstkontrolle Jesu Christi orientierst.

Gebet für den Tag

Oh, Gott aller Schöpfung, wir klagen.
Neig' dich uns zu, hör unser Gebet.
Die irdischen Herren versagen,
der Mensch treibt von dir weg und vergeht.

In gold'nen Gräbern wir wohnen,
Verachtung trennt uns wie ein Schwert.
Dein Gericht soll uns nicht verschonen.
Brich unseren Stolz, der ist verkehrt.

G. K. Chesterton

26. Anderen Freude schenken

Wer am wenigsten von sich selbst hält, der ist wirklich groß. (Lukas 3,48)

Ich habe mich viel mit dem Leiden Jesu beschäftigt. Dabei ist mir bewusst geworden, dass der Schmerz schon lange vor seiner Kreuzigung begann. Jesus wusste, was auf ihn zukam. Das hat sicher sein Leiden verstärkt. Dem schmerzhaften Druck dieses Countdowns bis zu seinem Tod am Kreuz ist er begegnet, indem er sich selbst für andere aufgeopfert hat.

Ein bewegender Gedanke: Schmerz wird erträglicher, wenn man sich dazu überwindet, Freude ins Leben anderer zu bringen. Das ist sicher eine der schwersten Übungen und sie verlangt ein starkes Durchhaltevermögen. Aber sie funktioniert. Ich habe das selbst bei einer Frau erlebt, die ich sehr bewundert und geliebt habe.

Meine Tante Georgia war Lehrerin für behinderte Kinder. Weil sie nicht weit weg von meinem Elternhaus wohnte, sah ich sie häufig. Heute macht es mich traurig, dass ich als junges Mädchen ihre Art so selbstverständlich nahm. Als Tante Georgia noch lebte, kam ich gar nicht auf die Idee, sie zu fragen, warum sie sich für ein Leben ohne Familie entschieden hatte. Oder warum sie sich so sehr für behinderte Menschen engagierte. Erst lange nachdem ich mein Elternhaus verlassen und geheiratet hatte, besann ich mich auf meine familiären Wurzeln und entdeckte Tante Georgias ungewöhnliche Geschichte.

Warum war sie allein stehend? Tante Georgia war Witwe. Viele Jahre vor meiner Geburt hatte sie den Zugführer Walter

Dickens geheiratet. Nach einigen Monaten wurde sie schwanger und beide freuten sich auf die Geburt ihres ersten Kindes. Aber das glückliche Heim, das Georgia und Walter sich vorgestellt hatten, sollte es nicht geben. Ihr Baby starb kurz nach der Geburt. Und während Tante Georgia noch im Krankenhaus lag, kam Walter bei einem Zugunglück ums Leben.

Wie kann man die Puzzleteile des Lebens nach einem solchen Schlag wieder zusammensetzen? Meine Tante Georgia fand die Antwort genau in diesem Prinzip: Sie beschloss, Freude in das Leben anderer zu bringen. Zu denen, die davon profitierten, gehörten auch meine Eltern. Sie waren damals frisch verheiratet. Statt sich krampfhaft an dem Heim festzuhalten, das Walter und sie geteilt hatten, verkaufte sie es meinen Eltern. Sie gewährte ihnen ein zinsloses Darlehen. Sie sollten ihre Schulden zurückzahlen, wenn sie dazu in der Lage waren. Dann kehrte sie in die Schule zurück und spezialisierte sich auf das Unterrichten von Sonderschülern, ein damals relativ neuer Gedanke. Unter meinen Erinnerungsstücken habe ich ihren ersten Vertrag als Lehrerin, wonach sie 750 Dollar im Jahr für den Unterricht von behinderten Kindern in Aurora, einem Schulbezirk in Illinois, bekam.

In den folgenden fünfunddreißig Jahren unterrichtete meine Tante jedes Jahr zwanzig Kinder. Als sie in den Ruhestand ging, kamen unglaublich viele Menschen, um sie zu ehren und ihr für das zu danken, was sie geleistet hatte. Ich habe mich in diesem Zusammenhang gefragt, was der Bezirk Aurora wohl getan hätte, wenn Tante Georgia sich gegen ihren Schmerz aufgelehnt hätte. Stattdessen setzte sie ihn dazu ein, Freude ins Leben anderer zu bringen. So sieht der richtige Weg aus.

Denkanstoß

Irgendjemand hat einmal ganz richtig gesagt, dass der ein zufriedener Mensch ist, der die Landschaft genießt, die den

Umweg säumt. Genau das tat Tante Georgia. Wie ist es mit dir? Entscheidest du dich meistens für den richtigen Weg, wie meine Tante? Erinnere dich an Menschen in deinem Leben, die so für dich gesorgt haben, wie es meine Tante für mich tat. Wenn sie noch leben – hast du ihnen schon einmal gedankt? Sollten sie nicht mehr leben, dann überlege, ob es Verwandte dieser Menschen gibt, denen deine Dankbarkeit gut täte.

Gebet für den Tag

Solche Gedanken geben meinem Geist Auftrieb, Herr. Danke für all die vielen Menschen, die mir in meinem Leben Freude gemacht haben, auch wenn sie selbst unter Stress und Schmerzen litten. Ich möchte mich oft an die »Georgias« in meinem Leben erinnern. Hilf du mir dabei. Viel zu oft vergesse ich sie über all meinen Klagen. Das tut mir Leid, Vater. Ich bin dankbar, dass ich mich mit deiner Hilfe in diesem Punkt verändern kann.

27. Perlen aus Schmerz

Aber zu dir sage ich, der Herr: »Ich will dich wieder gesund machen und deine Wunden heilen, auch wenn deine Feinde meinen, du seist von mir verstoßen worden. (...) Ich habe euch schon immer geliebt, darum bin ich euch stets mit Güte begegnet. Ich baue dich wieder auf. (...) deine Städte und Dörfer werden neu errichtet.« (Jeremia 30,17; 31,3-4)

Eine Perle, so habe ich mir sagen lassen, ist eine geheilte Wunde. Ohne Wunde keine Perle. Ob wir vom Leben zerkratzt oder poliert werden, hängt davon ab, aus welchem Stoff wir gemacht sind.

In ihrem Buch *Thank You, Lord, for My Home (Danke, Herr, dass ich eine Heimat habe)* beschreibt Gigi Tchividjian ihre Mutter, Ruth Bell Graham. Mrs. Graham suchte eines Tages den Laden eines Mannes auf, der kaputte Ton- und Porzellangefäße reparierte. Sie wollte ein Stück kaufen, bei dem ein Teil fehlte. Der Kunsthandwerker war erstaunt über ihre Wahl. Da erklärte sie ihm, dass seine Arbeit sie an Gottes Wirken im Leben eines Menschen erinnere: »Gott nimmt vorsichtig und liebevoll all die zerbrochenen Teile unseres Lebens und fügt sie wieder zusammen.«[4]

Bei uns allen fehlt hier und dort ein Teil: durch Tod, eine Scheidung, eine Krankheit, eine innere Verletzung durch die Bosheit anderer.

Und trotzdem: Gott »klebt« uns wieder zusammen. Die Risse und Löcher werden bleiben, bis wir in der Ewigkeit die Schönheit erlangen, die Gott sich für uns vorgestellt hat. Und selbst dann werden wir noch von seinen starken Armen getragen.

Während wir damit beschäftigt sind, die einzelnen Teile unseres Lebens wieder zusammenzubekommen, sollten wir das Heute mit seinen Möglichkeiten nicht aus dem Blick verlieren. Teresa Burleson hat dies in so aussagekräftige Worte gefasst, dass du diese Zeilen drei- oder viermal lesen solltest, bevor du im Text weitergehst.

»Wir können nicht verstehen, wann Gott zurückhält
oder schenkt.
Und während wir dem nachtrauern,
was uns nicht gegeben
und was uns genommen wurde,
rinnt uns das Heute durch die Finger.«

Denkanstoß

Wenn wir verletzt worden sind, ist die Versuchung groß, dabei stehen zu bleiben und sich vom Schmerz gefangen nehmen zu lassen. Das ist leichter, als die Schönheit der »Perle« zum Vorschein zu bringen. All die Freude, die Jesus erlebte, war für ihn eine solche »Perle«. Schau zurück auf die vergangene Woche. Entdeckst du die Möglichkeiten, die du vertan hast, weil du stehen geblieben bist bei dem, was vielleicht niemals sein wird? Denk daran, wie sehr du Jesus am Herzen liegst. Kannst du heute annehmen und glauben, dass er dich ganz liebevoll wieder aufrichten möchte? Die Bibel verspricht, dass Jesus für uns betet. Mach dir das heute ganz neu bewusst und lass dich mit Hoffnung ausfüllen.

Gebet für den Tag

Herr Jesus, ich brauche dir nichts vorzumachen. Du weißt, dass die Perle mich heute nicht besonders interessiert. Ich kann vor dir nicht so tun, als hätte ich den Schmerz überwunden. Hilf mir bitte. Ich werde ewig dankbar dafür sein, dass du so für mich gelitten hast – ohne dich zu beklagen. Aber heute weiß das nur mein Kopf und nicht mein Herz. Bitte hab Geduld mit mir, bis ich von hier weitergehen kann zu neuem Heil und neuer Freude.

28. Auf dem richtigen Weg bleiben

»Bringe mir aus Troas meinen Mantel mit, den ich bei Karpus zurückgelassen habe, ebenso die Bücher, vor allem aber die Pergamentrollen.« (2. Timotheus 4,13)

Vor einiger Zeit schrieb uns ein Mann, wie hilfreich ihm das tägliche Schreiben eines Gebetstagebuchs auf seinem langen Weg aus der Drogenabhängigkeit war. Er musste jeden einzelnen Tag neu anpacken. Sein Gebetsjournal hat ihm dabei geholfen, jeden Tag neu mit der Wahrheit über sich und seine Situation umzugehen. Als er später die Einträge noch einmal las, konnte er seine Fortschritte erkennen und wurde dadurch ermutigt. Er lernte, der Wahrheit ins Auge zu sehen und nicht andere für seine Probleme verantwortlich zu machen.

Adoniram und Ann Judson verließen 1812 ihre Heimat Salem in Massachusetts, um als Missionare auf dem Subkontinent in Burma zu arbeiten. Während der ersten achtzehn Monate lebten sie ohne eigenes Zuhause und reisten von Ort zu Ort. Ann musste sich daran gewöhnen, an Bord verschiedener Schiffe zu leben. Der Druck, der auf ihr lastete, war enorm. Durch ihr Gebetstagebuch, das sie regelmäßig führte, fand sie jedoch ihre innere Kraft wieder. Am 6. Mai 1813, sie lebten endlich für einige Monate an Land, schrieb sie:

> »Ich bin seit einigen Tagen völlig verzweifelt. Unsere Aussichten sind düster. Alles, was unsere kleine Missionsstation angeht, scheint unsicher. Ich finde es schwierig, aus dem Glauben zu leben und auf Gott zu vertrauen, wenn der Weg vor mir so dunkel ist. Auf der anderen Seite: Wenn der Weg hell und leicht wäre, wo bliebe dann Raum für Vertrauen auf

Gott? Also möchte ich dankbar sein, statt zu murren und mich zu beklagen. Ich möchte mich darüber freuen, dass mein himmlischer Vater mich dazu herausfordert, ihm zu vertrauen, indem er mir das wegnimmt, auf das wir uns normalerweise zu stützen pflegen.«[5]

Ann konnte mit der Situation umgehen, weil sie ihre Gedanken aufschrieb. Diese tägliche Übung half ihr in den ersten Monaten ihres Abenteuers. Als sie an Bord des Schiffes nach Rangun in Burma gingen, war Ann im achten Monat schwanger. Sie hatten eine Frau aus Europa angestellt, die ihr bei der Geburt helfen sollte. Kurz bevor sie lossegelten, stürzte die Frau auf Deck jedoch so unglücklich, dass sie starb. Also blieb keiner, der Ann bei der Geburt ihres ersten Kindes beistehen konnte. Als das Baby ein paar Wochen später zur Welt kam, war es tot. Das zweite Kind der Judsons starb im Alter von acht Monaten.

Drei Jahre lang erhielten Ann und ihr Mann keinerlei Post von Zuhause. Und es dauerte beinahe fünf Jahre, bis jemand durch ihren Dienst zum Glauben kam und sein Leben Jesus übergab.

Einmal ließ Adoniram seine Frau für eine Weile allein, weil er nach Chittagong reisen musste. Die beiden einigten sich darauf, dass Ann die junge Mission in dieser Zeit leiten sollte. Sechs Monate lang hörte Ann nichts von ihrem Mann. Das war sehr hart. Die Lage wurde noch dadurch verschlimmert, dass die Existenz der Mission bedroht war.

Die Cholera brach in Rangun aus und Gerüchte über einen Krieg zwischen England und Burma wurden laut. War Adoniram davon betroffen? Ann war allein mit ihrer Phantasie. Sie schrieb in ihr Gebetstagebuch:

»Wie düster und kompliziert alles aussieht! Und doch – wir werden still und fühlen, dass Er Gott ist. Der Gott, der uns in diese Umstände hineingeführt hat. (...) Ich weiß, dass überall um mich herum Gefahr lauert und ich viel Angst und Verzweiflung erleben werde. Aber im Moment bin ich ruhig. Ich werde mit meinen Nachforschungen fortfahren und alles andere Gott überlassen.«[6]

Nach sechsmonatiger Abwesenheit kehrte Adoniram Judson zurück. Monatelange Stürme hatten ihn auf Umwegen nach Indien gebracht, anstatt nach Burma. Gott hat Anns Fähigkeit genutzt, ihre Gedanken auf dem Papier festzuhalten, und so verhindert, dass sie ihr inneres Gleichgewicht verlor. Ann hatte *sich selbst nicht nur immer wieder bewusst gemacht, wie sie sich fühlte, sondern auch, was sie glaubte.* Beides war überlebenswichtig.

Denkanstoß

Sicher gibt es in deinem Leben Erfahrungen, aus denen du lernen kannst, wenn du ihren Wert und ihre Auswirkungen erkennen würdest. Hast du schon einmal versucht, sie aufzuschreiben? Es ist einen Versuch wert. Fang klein an und denk an das, was Morton Kelsey gesagt hat: »Das Gebetstagebuch ist wie eine kleine Felseninsel, auf der wir stehen und Wellen und Sturm zuschauen können. Wir sehen, woraus sie bestehen, und erkennen, wie schwer es ist, objektiv zu bleiben, wenn wir mittendrin stecken.«[7]

Gebet für den Tag

Himmlischer Vater, vielleicht sollte ich mir mehr Mühe geben bei dem Versuch aufzuschreiben, was du mir zu sagen hast. Ich habe keine Ahnung, woher ich die Zeit dazu nehmen soll. Aber ich bin offen. Hilf mir dabei, mir die Zeit freizuschaufeln. Wenn dies mich näher zu dir bringt, dann schenk mir ein tiefes Verlangen danach, es auch zu tun.

29. Im Zentrum steht das Gebet

Ehe sie zu mir um Hilfe rufen, stehe ich ihnen bei, noch während sie beten, habe ich sie schon erhört. (Jesaja 65,24)

C. S. Lewis hat einmal gesagt, dass Gott inkognito durch die Welt geht. Wir müssen nur unser Herz für ihn öffnen, ganz gleich wo wir uns befinden. Gebet nennen wir das, wenn wir versuchen zwischen unserem Herzen und unserem Willen und den Absichten Gottes eine Verbindung herzustellen. Es sind die wertvollsten Gedanken, die wir überhaupt denken können. Aber einfach so geschieht es nicht.

Gebet heißt nicht, dass wir Gott dazu bringen, unseren Willen zu tun. Es geht viel mehr darum, unsere Lebenswünsche, Lebensabsichten und Lebenspläne ganz neu auf Gott auszurichten.

E. Stanley Jones hat das Gebet einmal mit einer gut gestimmten Geige verglichen. Sie bringt zusammen mit dem Klavier, nach dem sie gestimmt ist, wunderbare Klänge hervor. Wenn Gott ganz bestimmte Töne anschlägt, dann schwingen unsere Herzen mit, vorausgesetzt sie sind richtig gestimmt.[8]

Als Kind habe ich Gott um ein Fahrrad oder um andere Dinge gebeten, die ich nur um meiner selbst willen haben wollte. Als ich älter wurde, habe ich herausgefunden, dass Jesus uns versprochen hat, für das zu sorgen, was wir *brauchen.* Aber nicht unbedingt für das, was wir *wollen.* Meine Wünsche sollten im Einklang stehen mit Gottes Willen.

Inzwischen habe ich verstanden, dass man nur das in Jesu Namen erbitten kann, was auch dem Wesen Jesu entspricht. Ein solches Gebet ist für ihn ein Grund zur Freude, denn es entspricht seinem Willen. Ich muss also vorher sagen können: »Ich kenne sein Herz gut genug, um dies von ihm zu erbitten.« Seit ich das verstanden habe, kommen viele Gebete gar nicht mehr über meine Lippen.

Außerdem habe ich erkannt, dass Stillsein und Hören viel wichtiger sind als mein ständiges Fragen. Meine Aufgabe ist es, Gott so viel von mir selbst zu geben, wie es mir im Augenblick möglich ist. Lloyd Ogilvie hat das sehr treffend gesagt:

> »Gebet beginnt mit Gott (Jesaja 65,24). (...) Es geht nicht darum, seine Aufmerksamkeit zu erlangen, sondern darum, unsere Aufmerksamkeit auf ihn zu lenken. Zu hören, was er uns zu sagen hat. (...) Es ist eine Antwort auf seinen Ruf. Wir beten nicht, um Gottes Gedanken zu beeinflussen, sondern um sie zu empfangen. Und er ist sehr wohl in der Lage, sie uns zu schenken. (...) Beten bringt uns in eine Haltung, in der wir willig annehmen, was Gott von uns will. (...) In der Stille beginnen wir, die Dinge aus seiner Perspektive zu sehen. Wir bekommen die Kraft, darauf zu warten, dass Gott seine Pläne vor uns ausbreitet.«[9]

Fanny Crosby wurde blind, als sie noch ein Kind war. Sie erzählt von der Zeit in ihrem Leben, in der sie das Lied *»All the Way My Savior Leads Me« (Der Weg, den mein Erlöser mich führt)* schrieb. Damals brauchte sie dringend fünf Dollar und hatte keine Ahnung, woher sie diese Summe bekommen sollte. Sie bat Gott, ihr zu helfen. Fünf Minuten später klingelte ein Fremder an ihrer Tür und gab ihr genau den Betrag, den sie brauchte.

Ehrfürchtig erkannte Fanny Crosby, wie gut Gott für sie sorgte. »Ich kann das nicht erklären«, schrieb sie. »Ich kann nur annehmen, dass Gott – als Antwort auf mein Gebet – diesem guten Mann ins Herz gegeben hat, mir das Geld zu schenken. Mein erster Gedanke war: ›Gottes Wege sind so wunderbar.‹«

Solche Dinge geschehen, wenn man eingestimmt ist auf das Herz Gottes.

Fanny Crosby strahlte ihr ganzes Leben lang eine tiefe Freude aus. Sie glaubte daran, dass Gott ihre Blindheit in seiner grenzenlosen Gnade dazu gebraucht hat, »mich für die Arbeit zu weihen, die ich immer noch tun darf«.[10]

Denkanstoß

Wie war deine erste Reaktion auf diese Andacht? Schreib sie auf. Was war dir am wichtigsten? Wie groß ist deine Nähe zu Gott im Gebet? Versuchst du, dein Herz auf seinen Willen auszurichten, oder bittest du eher darum, dass deine Wünsche erfüllt werden?

Gebet für den Tag

Herr, wenn ich ehrlich bin, ist Beten für mich nicht so wichtig. Es ist nicht mein Zentrum. Wie deine Jünger musst du auch mich lehren, wie ich beten soll. Wenn ich lese, was in dieser Andacht erzählt wird, dann habe ich das Gefühl, etwas Wunderbares zu verpassen. Manchmal bekomme ich eine leise Ahnung davon, wie es sein kann, wenn du und ich ganz aufeinander eingestimmt sind. Lass mich das noch viel öfter erleben.

30. Loslassen können

»Schließlich habe ich gelernt, in allen Lebenslagen zurechtzukommen. Ob ich nun wenig oder viel habe, beides ist mir durchaus vertraut, und so kann ich mit beidem fertigwerden. (...) Das alles kann ich durch Christus, der mir Kraft und Stärke gibt.« (Philipper 4,11-13)

Zwölf unserer besten Jahre, von 1972 bis 1984, haben Gordon und ich in Lexington, Massachusetts, verbracht. Dort arbeitete Gordon als Pfarrer. Als uns klar wurde, dass es Zeit für einen Abschied war, habe ich mich damit sehr schwer getan. Ich bin von Natur aus ein Mensch, der tiefe Wurzeln schlägt.

Als Vorbereitung auf all die Abschiede, die ich auf uns zukommen sah, habe ich begonnen, ein »Umzugs-Tagebuch« zu führen. Es sollte mir dabei helfen, mit meinen Gefühlen umzugehen. Ich wollte Gedanken aus der Bibel und anderen Quellen aufschreiben. Ich dachte, dass mich dies am besten auf unseren Wechsel vorbereiten würde. Ich wollte sichergehen, dass ich am Tag des Abschieds kein Hemmschuh für Gordon sein würde. Er sollte Gottes Impuls, der uns an einen neuen Ort führte, ganz frei folgen können.

Zur gleichen Zeit baute ich für die Frauen in unserer Gemeinde gerade einen Bibelkreis auf, der sich mit den Frauen in der Bibel beschäftigte. Und wie immer, wenn man etwas für andere tut, fällt der Segen auf einen selbst zurück. Durch meine Bibelstudien zu diesem Thema stieß ich auf etwas, das mir in meiner Situation weiterhalf. Ich entdeckte, dass sechs von den Frauen, die eine größere Rolle auf Gottes Weg mit den Menschen spielten, nämlich Eva, Sara, Lea, Rebekka, Lots Frau und

Hanna, eine von zwei großen Herausforderungen meistern mussten: Entweder sollten sie ihre Heimat verlassen oder sie waren eine Zeit lang unfruchtbar.

Beide Umstände gingen mir sehr nahe: Der ersten Herausforderung sah ich mich gerade selber gegenüber. Die zweite erlebte ich bei vielen Freundinnen, die mit dem Problem der Unfruchtbarkeit »am eigenen Leibe« konfrontiert waren. Ich dachte über die erstaunlichen Übereinstimmungen im Leben dieser Frauen nach. Es scheint mir, als ob Gott ganz am Anfang seiner Beziehung zu Frauen deutlich machen wollte, dass er Herr über die »Heimat« und Herr über den Körper ist. Da er uns geschaffen hat, weiß er um den Schmerz, den diese Situationen für uns bedeuten. Die Unsicherheit, die Frauen in beiden Fällen erleben, fordert sie im Kern ihres Wesens heraus. Aber ist das nicht auch eine Chance?

Dieselben Themen habe ich auch im Leben von einigen meiner wichtigsten Vorbilder in der Geschichte der Christenheit wiedergefunden. Nach fünf Jahren Ehe und drei Kindern schrieb Catherine Booth, die Frau des Begründers der Heilsarmee, an ihre Eltern: »Gott scheint etwas sehr Ruhmreiches für uns bereit zu halten. Wenn er uns in Versuchung führt, dann deshalb, weil wir Gold hervorbringen sollen. Aber ich habe Schwierigkeiten damit, mein Heim zu verlassen.«[11]

Der Biograph der großen Missionarin Mary Slessor schrieb über sie:

> »Eine Nacht bevor sie wegfuhr – nicht etwa nach Übersee, sondern lediglich nach Edinburgh zu einem Seminar –, ... schlich dieselbe Frau, die später als ›Tornado‹ bezeichnet werden sollte, zur Tür in der Eingangshalle des Mietshauses, in dem sie wohnte. Sie weinte sich dort die Augen aus.«[12]

Als Amy Carmichael sich darauf vorbereitete, nach Japan zu gehen, wo sie ihre ersten Erfahrungen als Missionarin machen sollte, betrachteten die Menschen sie als Heldin. Nur sie allein schien um den Schmerz zu wissen, den sie durchlitt. »Sie denken, ich *will* gehen. Wenn sie wüssten, wie zerrissen ich mich heute fühle, wie sehr ich an meiner Heimat hänge, dann würden sie verstehen ...«

Wenn ich mich mit den Frauen in der Bibel beschäftige und versuche, ihre Gefühle zu erfassen, dann tröstet es mich zu wissen, dass Gott mit ihnen fühlt. Und genauso geht er mit uns heute um. Wir dürfen uns wie sie verstanden fühlen. Aber diesen Trost werden wir nur dann erfahren, wenn wir Gott die Herrschaft über unser Leben überlassen. Wenn wir ihm erlauben, unseren Schmerz auf sich zu nehmen und ihn in innere Stärke zu verwandeln.

Denkanstoß

Als Ruth Graham einmal gefragt wurde, wie sie die vielen Abschiede in ihrem Leben verkraften könne, antwortete sie: »Stell das, was geht, an die letzte, und das, was kommt, an die erste Stelle.« Kannst du das? Hat deine Beziehung zu Jesus Christus den entscheidenden Unterschied gemacht bei den Veränderungen, die dein Leben mit sich gebracht hat? Wenn nicht – welchen Schritt musst du tun, um Gott mehr vertrauen zu können?

Gebet für den Tag

Vater im Himmel, ich möchte es gerne richtig machen. Ich will dir vertrauen, wenn ich Menschen und Dinge hinter mir lassen muss. Ich möchte offenen Herzens Menschen und Dinge loslassen, wenn du sagst »geh«. Gib mir dazu deinen Geist.

Teil 4

Wege zur Vergebung

Jesus ist der Eine, der wahre Vergebung erst möglich macht. Wenn wir ihm folgen wollen, heißt das auch, dass wir uns für den Weg der Vergebung entscheiden müssen.

Ich habe immer wieder ausprobiert und beobachtet, wie das Prinzip der Vergebung funktioniert. Nicht nur in meinem eigenen Leben, sondern auch bei vielen anderen, die in vier Jahrzehnten mit mir durch schwierige Zeiten gegangen sind.

Keiner bedarf der liebevollen Arme Gottes so sehr wie jemand, der vergeben muss oder selbst Vergebung braucht. Einander vergeben zu können ist die Basis jeder gesunden Beziehung. Oft fällt es so schwer, dass eigentlich nur Gott das Problem lösen kann.

Öffne dein Herz und lass dich beim Lesen dieses Teils zu der Hoffnung auf einen neuen Anfang ermutigen.

31. Unnötigen Ballast abwerfen

»Darum wollen wir alles ablegen, was uns in diesem Kampf behindert, vor allem die Sünde, die uns immer wieder fesseln will. Mit zäher Ausdauer wollen wir auch noch das letzte Stück bis zum Ziel durchhalten.« (Hebräer 12,1)

Gordon und ich gehen oft in die Berge wandern. Entweder tun wir es ganz in unserer Nähe in New Hampshire, oder wir fahren in die Colorado Rockies oder in die Schweizer Alpen. Eines haben wir im Laufe der Jahre gelernt: Je leichter das Gepäck, desto schöner die Wanderung. Diese Entdeckung lässt uns jedes Mal vor dem Start gründlich überprüfen, ob wir uns beim Packen auch auf das Wesentliche beschränkt haben. Brauchen wir wirklich zwei Kameras und all diese Objektive? Ist es klug, all das Obst mitzunehmen? Kann es statt einer Jacke auch ein Pullover sein?

Dieses Bild lässt sich auch gut auf unser Inneres übertragen. Wie viel Ballast schleppen wir mit uns herum: Schuld, Verzweiflung, Bitterkeit, Härte gegenüber Gott, das Bedürfnis, uns zu beweisen und ständig zu gewinnen, Eifersucht, Neid. Das hat zur Folge, dass wir innerlich verhärten. So wird das, was eigentlich ein guter »Aufstieg« im Leben sein könnte, zur Katastrophe.

Geistlich gesehen scheint mir kein Ballast schwerer zu sein als Ärger und Ablehnung. Wenn diese Gefühle nicht wahrgenommen und entlarvt werden, wird das »Gepäck« mit der Zeit immer schwerer. Derjenige, der es tragen muss, verwendet immer mehr Energie darauf, ohne dass etwas Gutes dabei herauskommt.

Stell dir eine Frau vor, die von einer anderen betrogen und tief verletzt worden ist. Sie beschließt, *nicht* zu vergeben. Damit kettet sie sich selbst an dieses Ereignis, und jede Bewegung nach vorn wird sehr mühsam. Eine andere Frau, genauso betrogen, will Schmerz und Verletzung dadurch besiegen, dass sie Gnade gewährt und Vergebung schenkt. Sie wird nicht nur an der Erfahrung wachsen, sondern auch Stärke und Widerstandskraft gewinnen, so dass es ihr beim nächsten Mal schon leichter fällt zu vergeben.

Unsere westliche Welt wird immer mehr von einem nicht christlichen Lebensstil bestimmt. Auch der »geistliche« Kampf unter Christen wird immer boshafter. Deshalb werden die meisten von uns immer wieder herausgefordert sein zu vergeben. Eine neue Generation wächst heran. Sie wird ohne Zweifel lernen müssen, ihren Eltern zu vergeben, dass diese zu beschäftigt waren, um ihnen die nötige Zuwendung und Bestätigung zu geben. Frauen und Männer werden lernen müssen, ihren Ehepartnern zu vergeben, die schlimmen Versuchungen erlegen sind. Früher oder später werden wir alle erleben, dass wir einem geliebten Menschen etwas vergeben müssen, das uns sehr schwer fällt. Die Frage ist: Bereiten wir uns *jetzt schon* darauf vor? Leben wir jetzt schon ein von Gnade geprägtes Leben?

In den ersten Jahren meiner Ehe ist es mir nicht leicht gefallen, Gnade zu schenken oder zu empfangen. Es fiel mir schwer, mich zu entschuldigen und meinen Anteil am Konflikt einzugestehen. Oft hat Gordon die Verantwortung für Dinge auf sich genommen, wo ich schuldig geworden bin. Ich war erst Jahre später bereit, meine eigene Schwäche und Schuld zuzugeben. Und es gibt Menschen, die es nie lernen werden, die wichtigen Worte zu sagen und auch zu meinen: »Vergib mir, ich war im Unrecht!«

In vielen Familien werden Verletzungen, die Familienmitglieder einander zufügen, nie durch Worte und Taten der Reue bereinigt. Stattdessen ist man *nett zueinander,* überdeckt so das Unrecht und kommt nicht an die Wurzeln des Vergehens. Eine Wunde wird jedoch nicht dadurch heilen, dass wir einfach etwas Nettes für den entsprechenden Menschen tun. Erst ein offenes Eingeständnis wird etwas verändern: »Es tut mir Leid. Das war mein Fehler.« Und jetzt sollten Taten folgen. Wenn *Nettigkeit* Jahr für Jahr die Reue ersetzt, wird aus den vielen offenen Verletzungen bald eine Mauer der Ablehnung. Es ist ein Irrtum zu glauben, dass die Zeit alle Wunden heilt.

In Hebräer 12,1 sagt der Apostel Paulus, dass unnötiger Ballast oder die Mauern der Härte erst dann verschwinden, wenn wir sie selbst loswerden wollen und etwas dafür tun.

Denkanstoß

Wie schwer ist der Ballast der Ablehnung, den du mit dir herumschleppst? Siehst du deinen Anteil an der kaputten Beziehung? Bringen die Zeilen aus dem Hebräerbrief heute eine Saite in dir zum Klingen? Nimm dir so viel Zeit, wie du brauchst, um dich diesen Fragen und Gedanken ehrlich zu stellen. Jesus schenkt Freiheit. Nenn deine Schuld beim Namen und bitte ihn um Hilfe, damit du auch vergeben kannst.

Gebet für den Tag

Herr, ich weiß, dass ich mich lieber mit tausend anderen Dingen beschäftige, als genauer hinzusehen, welchen Ballast ich mit mir herumschleppe: Wo ich Menschen vergeben sollte. Oder wo ich die Vergebung anderer nötig habe. Hilf mir, meine Seele für dich zu öffnen, damit du das wegnehmen kannst, was mich von echter Freiheit abhält. Danke, dass du vor meinem Widerstand gegen das, was du in meinem Leben tun willst, nicht einfach kapitulierst. Danke, dass du mich nicht aufgibst. Ich gebe mich heute in deine Hände.

32. Die richtige Herzenshaltung

»Ihr (sollt) euch untereinander auch herzlich lieben in Barmherzigkeit, Güte, Demut, Nachsicht und Geduld. Streitet nicht miteinander, und seid bereit, einander zu vergeben, selbst wenn ihr glaubt, im Recht zu sein. Denn auch Christus hat euch vergeben. Das Wichtigste ist die Liebe. Wenn ihr sie habt, wird euch nichts fehlen.« (Kolosser 3,12-14)

Vergebung lernen wir nicht erst in Krisensituationen; wir müssen in besseren Zeiten dafür üben. Klingt es merkwürdig, wenn ich sage, dass wir in unseren besten Stunden für die schweren Zeiten lernen? Ich meine damit, dass wir jetzt die Bedeutung der Vergebung verstehen sollen und uns damit beschäftigen, was darüber in der Bibel steht. Wir sollten andere dabei beobachten, wie sie mit Situationen umgehen, in denen Vergebung nötig ist, und von ihnen lernen. Und wir sollten uns selbst bei kleinen Zwischenfällen oder Konflikten prüfen, ob wir Fortschritte machen. Neigen wir unbewusst eher zu Vergeltung oder fällt es uns leicht, gnädig zu sein?

Vergebung ist das Herzstück unseres Glaubens. Das Kreuz steht da als Gegensatz, als ein unglaubliches Beispiel für Gnade im Angesicht von Gehässigkeit und Herzenshärte. Wahre Freiheit bedeutet es, wenn wir ehrlichen Herzens mit Jesus sagen können: »Vater, vergib ihnen, denn sie wissen nicht, was sie tun.« (Lukas 23,24)

Wenn wir die Haltungen *ablegen*, die uns und anderen schaden, müssen wir stattdessen die Früchte seines Geistes *anziehen*. Sie geben und erhalten Leben! Es ist ermutigend zu sehen, wie Paulus das geschafft hat. Er hat nie vergessen, dass er vor allem ein Mann war, dem vergeben worden ist. Er hat von Gott und auch von der Kirche das Geschenk der Vergebung empfangen, obwohl er verantwortlich für die Gefangennahme, Vertreibung und den Mord an vielen Christen war. Im Rückblick schrieb er über sich selbst: *»Früher habe ich Gott verhöhnt und habe die Christen verfolgt. Ich war ein gewalttätiger Mann.«* Und dann fügt er hinzu: *»Mir wurde Gnade gewährt. (...) Die Gnade unseres Herrn wurde über mir ausgegossen.« (1. Timotheus 1,13-14)*

Später hatte Paulus selbst in verschiedenen Städten und Dörfern darunter zu leiden, dass sich feindlich gesinnte Menschen gegen ihn wandten. Vielleicht hat er sich da immer wieder gesagt: »Jetzt erlebe ich am eigenen Leib, was ich den Nachfolgern Christi einst angetan habe. Was wäre gewesen, wenn Gott statt Gnade und Vergebung, die ich brauchte, Rache an mir genommen hätte? Es wäre verdient gewesen.« Dieser Mann, der einmal so verhärtet und rachedurstig gewesen ist, wurde gnädig und freundlich. Er lehnte es sogar ab, gegen die zu kämpfen, die versuchten, ihm das Leben schwer zu machen.

Paulus' Weigerung, es seinen Feinden heimzuzahlen, erinnert mich an eine Begebenheit aus Andrew Murrays Leben. Ihm war eine schlimme Ungerechtigkeit zugefügt worden. Die Erfahrung war so schlimm, dass sie die meisten von uns wahrscheinlich in bittere Zyniker verwandelt hätte. Nicht so Andrew. Als seine Tochter gefragt wurde, wie ihr Vater auf den Schmerz reagiert habe, antwortete sie: »Er war unfähig, auch nur einen unfreundlichen Gedanken über jemanden zu denken.«

Man fragt sich, wie Paulus wohl mit seinem Leiden umgegangen wäre, wenn er *nicht* den Geist der Vergebung in sich genährt hätte. Wenn er stattdessen beschlossen hätte, den ganzen Ballast des Hasses mit sich zu schleppen? Und schließlich hatte man ihn mit Steinen beworfen, verprügelt, in Misskredit gebracht und ihn sogar für tot erklärt! Wir können viel von ihm lernen.

Denkanstoß

Sammelst du leicht Groll in dir an? Fällt es dir schwer, Gefühle der Ablehnung gegen jemanden loszulassen, der dich beleidigt hat? Gibt es Menschen, mit denen du dich nur schwer zum Beten zusammensetzen könntest, weil du ihnen etwas übel nimmst? Lauf nicht davor davon. Es kommt vor allem darauf an, welche Haltung du »anziehst«. Selbst wenn andere ihre falsche Einstellung nicht ablegen – wir können es tun!

Gebet für den Tag

Herr, bitte hilf mir dabei, meine Feindseligkeit loszulassen. Ich möchte vergeben können, wie du mir vergeben hast. Ich weiß, dass ich für mein Verhalten und für meine Herzenseinstellung selbst verantwortlich bin. Aber ich möchte mir immer wieder deine Worte der Vergebung und die von Andrew Murray ins Gedächtnis rufen. Mach mein Herz weit, damit ich deine Kraft dazu in mir aufnehmen kann. Möge mein Leben dich ehren.

33. Liebe statt Rache

Liebe ist weder verletzend noch auf sich selbst bedacht, weder reizbar noch nachtragend. (1. Korinther 13,5)

Was damals in dem kleinen Bergstädtchen Lystra geschah, ist ein gutes Beispiel dafür, was wir von Paulus lernen können. Eine blutrünstige Menschenmenge steinigte Paulus. Weil sie ihn für tot hielten, schleppten sie ihn aus der Stadt *(siehe Apostelgeschichte 14,19)*. Als er sich wieder erholt hatte, zog er weiter. Die meisten von uns hätten diese Stadt nach einer solchen Erfahrung gemieden wie die Pest. Nicht so Paulus: Er kehrte später dorthin zurück. Warum? Weil er denen, die mit Steinen geworfen hatten, nichts nachtrug.

Und das Ergebnis? Er traf einen jungen Mann mit Namen Timotheus, der ihm wie ein Sohn ans Herz wuchs und der seinen Dienst als Apostel noch lange nach seinem Tod fortführte. Timotheus wäre niemals Paulus' Schützling geworden, wenn ein verhärtetes, bitteres Herz ihn von Lystra, dem Ort der Steine, ferngehalten hätte.

»Unfehlbar trafen ihn die grausam scharfen Steine
Bis man ihn sah am Boden, blutend und wie tot.
Sein Wert galt ihnen nichts, sie schätzten nicht seine Werke.
Was er gesagt, erfüllte sie mit blinder Wut.

Die Berührung Gottes füllte ihn mit neuem Leben.
Auch frei von Hass und Abscheu blieb sein Sinn.
Und, nach und nach, hat er erneut den Ruf vernommen,
zum Ort der Steinigung zog es ihn wieder hin.

Vielleicht wurd'st du auch einst von Steinen hart getroffen
und wärest froh, wenn niemals dich der Ruf erreicht
zurückzukehren, wo bedrohlich dich erwarten
dieselben Steine – und das Leben von dir weicht.

Jedoch, wenn er dich ruft zurück zum Ort der Steine,
dann sollst du wissen: Dieser Weg ist für dich gut;
denn gerade dort wirst seine Gnade du erfahren.
Gott selbst ist deine Kraft, schenkt dir den Mut.«

J. Danson Smith[1]

Paulus hat sich dafür entschieden, den Hass loszulassen und die Liebe »anzuziehen«. Diese Erfahrung hat sein Leben und auch das Leben anderer sehr verändert. Jemand hat einmal gesagt: »Die Liebe heilt Menschen – und zwar sowohl diejenigen, die sie austeilen, als auch diejenigen, die sie empfangen.« Das hatte auch Paulus verstanden: Es macht einen entscheidenden Unterschied, wenn man sich jeden Tag neu für die Liebe entscheidet. Das System unserer heutigen Welt beruht auf Rache – wir können einen besseren Weg wählen.

John Perkins, ehemaliger Leiter von *»The Voice of Calvary« (Die Stimme Golgathas)* in Mendenhall, Mississippi, musste in der Zeit der gewalttätigen Rassenunruhen in unserem Land sehr viele Schläge einstecken. Seine erste Reaktion war Hass auf diejenigen, die ihn »gesteinigt« hatten. Er sehnte sich nach Rache. Während er sich im Krankenhaus erholte, erinnerte ihn der Heilige Geist jedoch an die vielen Stellen in der Bibel, die von der Macht der Vergebung handeln. Er konnte es förmlich hören und so sagte er zu Jesus: »Ich vergebe ihnen.«

Weiter sagte Perkins: »Ich habe dem Herrn versprochen, dass ich Böses mit Gutem vergelte und nicht Böses mit Bösem. Und dann hat er mir die Liebe gegeben, die ich brauchen würde, um sein Gebot zu erfüllen: ›Liebe deinen Nächsten‹.«[2] John und seine Frau Vera Mae kehrten zum Ort ihrer Steinigung zurück und teilten dort Liebe aus. Sie tun es immer noch.

Denkanstoß

Gibt es eine Zeit der »Steinigung« in deinem eigenen Leben? Bist du über das Gefühl, dich rächen zu müssen, hinweggekommen und hast Frieden darüber gefunden? Oder bist du darin stecken geblieben? Welches Bedürfnis lässt dich an deinem Wunsch nach Rache festhalten? Schreib deine Gedanken auf. Bitte Gott, dass er dir dabei hilft, dich für die Liebe und gegen Vergeltung und Ablehnung zu entscheiden.

Gebet für den Tag

Herr, ich erkenne, dass ich viel komplizierter bin, als ich wahrhaben will. Aber ich möchte frei werden und anderen Freiheit geben. Ich möchte ganz ehrlich nicht daran festhalten, was Menschen mir Böses angetan haben. Ich weiß, dass du allein mir die Kraft zum Handeln geben kannst. Deshalb will ich mich heute deiner Gnade ausliefern. Vater, fang an, in diesem Bereich an mir zu arbeiten.

34. Vergebungs-»Instinkt« entwickeln

Aus dem Schlaf gerissen, sah der Gefängnisaufseher, dass die Zellentüren offenstanden. Voller Schrecken zog er sein Schwert und wollte sich töten, denn er dachte, die Gefangenen seien geflohen. »Töte dich nicht!«, rief da Paulus laut. »Wir sind alle hier.« (Apostelgeschichte 16,27-28)

Paulus war in Philippi mit Silas ins Gefängnis geworfen worden und reagierte ein weiteres Mal auf bewundernswerte Weise (*siehe Apostelgeschichte 16,23).* Nachdem man ihnen ihre Kleider weggenommen und sie geschlagen hatte, landeten Paulus und Silas mit den Füßen in Ketten im Kerker. Anscheinend hat der Gefängniswärter ihnen die größtmögliche Unbequemlichkeit geschaffen, bevor er sich selbst in sein weiches Bett legte. Paulus und Silas hätten die Ungerechtigkeit derer anklagen können, die sie ins Gefängnis geworfen hatten. Sie hätten sich damit beschäftigen können, Rache gegen die Oberen der Stadt zu planen, die sie vor Gericht gebracht hatten.

Sie haben sich nicht für diesen Weg entschieden. Die beiden Männer beteten und sangen Loblieder bis Mitternacht. Dann gab es ein Erdbeben. Der Gefängniswärter erwachte. Seine erste Reaktion war die, sich selbst das Leben zu nehmen. Er nahm an, Paulus wäre aus dem Gefängnis geflohen und würde sich rächen.

An dieser Stelle zeigte sich wieder Paulus' wahre innere Haltung und Prägung. Instinktiv sorgte er sich um den Gefängniswärter: Um den Mann, der geschlafen hatte, während es Paulus so schlecht ging. Um den Mann, der sein Auspeitschen entweder genossen oder sogar veranlasst hatte. Um den Mann, der weder medizinische noch andere Hilfe angeboten hatte.

»Töte dich nicht!«, rief Paulus. Hätten wir das auch gesagt? Wäre es nicht einfacher gewesen zu sagen: »Lass den Mann mit sich selbst machen, was er will. Er hat es verdient!« Vielleicht versuchen wir nicht aktiv, unserem Feind zu schaden. Aber es macht uns gar nichts aus, wenn der Feind sich selbst schadet. Paulus hat instinktiv nicht nur unterlassen, sich an dem Gefängniswärter zu rächen. Er ist sogar dazwischengegangen, als dieser sich selbst töten wollte. Die Bereitschaft in diesem Maße zu vergeben, war in Paulus gewachsen, *bevor* er in die Lage kam, sie anwenden zu müssen.

In dieser Geschichte gibt es nur Gewinner. Der Gefängniswärter und sein ganzer Haushalt werden Christen. Paulus' und Silas' Wunden werden verbunden, und sie werden im Haus des Gefängniswärters als Freunde willkommen geheißen. Hätte der Brief, den Paulus später an die Philipper schrieb, genauso viel Bedeutung für uns Christen heute, wenn Paulus in jener Nacht nicht so gnädig gewesen wäre?

Aber halt! Zwischen der Geschichte in Lystra, über die wir im letzten Kapitel nachgedacht haben, und der in Philippi gibt es noch ein drittes Ereignis. Dieses Mal treffen wir auf einen unerbittlichen Paulus, der nicht bereit ist zu vergeben. Ich frage mich, ob Lukas diese Geschichte nicht absichtlich an diese Stelle gesetzt hat, damit Leser wie du und ich daraus etwas lernen können.

Johannes Markus wurde zum Streitpunkt zwischen Paulus und seinem ehemaligen Gefährten Barnabas. Einige Zeit zuvor hatte Markus sich unfähig gezeigt, die Härten der ersten Reise des Apostels durchzustehen und war nach Hause zurückgekehrt *(siehe Apostelgeschichte 15,37-40)*. Barnabas war später bereit, dieses Scheitern zu vergessen und Markus eine zweite Chance zu geben. Paulus nicht. Die beiden Männer stritten sich so heftig darüber, dass sie getrennte Wege gingen.

Stell dir vor, wie Paulus sich gefühlt haben muss, als ihm später aufging, was er verloren hatte durch sein impulsives Temperament und seinen Unwillen, Markus zu vergeben. Er hatte sich seinem besten Freund Barnabas entfremdet. Dieser Barnabas war der Einzige gewesen, der sich getraut hatte, Paulus am Anfang seines Glaubens in die Gemeinschaft der Christen mitzunehmen. Und als Paulus die Chance hatte, Markus gegenüber ebenfalls so gnädig zu sein, ist er gescheitert.

Später sollte Paulus seine Meinung über Markus ändern. Er beschreibt ihn als einen Mann, der ihm in seinem Dienst für den Herrn sehr hilfreich sein kann *(siehe 2. Timotheus 4,11)*. In der Bibel findet man keinen Hinweis auf eine Verbindung, aber ich habe mich oft gefragt, ob Paulus' vergebende Haltung in Philippi nicht eine Reaktion auf seine Hartherzigkeit gegenüber Markus und Barnabas war. Aber egal, ob das stimmt, Paulus war ein Mann, der aus jeder Erfahrung so viel wie möglich gelernt hat. Deshalb wird die Kraft des Kreuzes in seinem Leben so sichtbar!

Denkanstoß

Denk noch einmal über die Geschichte von Paulus' Gefangennahme nach. Was hat sie Gutes bewirkt? Gibt es Zeiten in deinem Leben, in denen dir Böses angetan wurde, aber die Gott dann gebraucht hat, damit du lernst, gnädig zu reagieren? Auf welche Art und Weise kann Gott »Gefängniserfahrungen« in deinem Leben dazu gebrauchen, um dich innerlich auf Gnade »zu trainieren«? Wie hast du in den entsprechenden Situationen reagiert? Bete um Einsicht und Mut, damit sich in deiner Seele eine Veränderung vollzieht.

Gebet für den Tag

Danke, Vater, für die Art und Weise, in der du all das Böse, das ich dir gebracht habe, in Gutes verwandelt hast. Lass dieses machtvolle, lebenbringende Verhalten heute in mir wachsen und immer mehr Raum einnehmen. Ich selbst bin nicht dazu in der Lage, wenn du mich nicht von innen her veränderst.

35. Wie Paulus Vergebung lernte

»Seid vielmehr freundlich und barmherzig, immer bereit, einander zu vergeben, so wie Gott euch durch Jesus Christus vergeben hat.« (Epheser 4,32)

Paulus wurde von Gläubigen und von Ungläubigen angefeindet. Aber er reagierte mit Freundlichkeit, Barmherzigkeit und Vergebung. Wer lehrte ihn diesen Umgang? Woher nahm er die Übung für dieses Verhalten und vor allem diese innere Haltung der Vergebung?

Fing alles damit an, dass Paulus Stephanus kennen lernte und seine Reaktion erlebte, als er seiner Steinigung zustimmte? Was bedeutete es für Paulus, als er den sterbenden Stephanus wie Jesus beten hörte: *»Herr, vergib ihnen diese Schuld« (Apostelgeschichte 7,60)*? Diese Worte müssen in Paulus' Seele noch lange nachgewirkt haben.

Vielleicht hat Paulus von Stephanus gelernt, dass es Jahre später keine Bedeutung mehr haben wird, ob Menschen uns verletzt haben – *es sei denn* wir entscheiden uns dafür, die kränkenden Erinnerungen als Ballast mit uns herumzutragen.

War Paulus' Fähigkeit zu vergeben vielleicht auch eine Folge dessen, was er nach seinem Bekehrungserlebnis auf dem Weg nach Damaskus dann in der Stadt erlebte? Paulus, damals noch Saulus, war blind und erschöpft. Da kam Ananias zu ihm, legte ihm die Hände auf und sagte: »Lieber Bruder Saul.« Ananias, der allen Grund gehabt hätte, den Christenverfolger Paulus zu fürchten und zu hassen.

Paulus hatte sicher eher mit Schwierigkeiten gerechnet. Aber stattdessen wurde ihm mit dem Auflegen der Hände bestätigt, dass seine dunkle Vergangenheit keine Barriere zwischen ihm und der Gnade Gottes sein würde. Paulus war ein *Bruder*! Was Stephanus in Gang gesetzt hatte, wurde von Ananias fortgeführt und später von Barnabas besiegelt.

Diese Männer kannten das Gebot Jesu: *»Beweist erst einmal durch Taten, dass ihr euch wirklich ändern wollt« (Matthäus 3,8).* Deshalb wurden sie für Paulus zu einer Orientierung in seinem Leben. Hier konnte er sehen, wie man Vergebung wirklich lebt. Später sollte er über seinen Auftrag von Jesus schreiben: *»Ihnen sollst du die Augen öffnen, damit sie sich von der Finsternis dem Licht zuwenden und aus der Herrschaft des Teufels zu Gott kommen. Dann werde ich ihnen die Sünden vergeben ...« (Apostelgeschichte 26,18).* Nachdem er selbst diese Lektion gelernt hatte, predigte Paulus, dass sich die Menschen *»von der Sünde abwenden (sollen), zu Gott umkehren und ihre Sinnesänderung durch gute Taten beweisen« (Vers 20).*

Als unsere Kinder drei und sechs Jahre alt waren, kamen die *Singing Murks* – eine sehr musikalische Familie – in unsere Gemeinde zu einem Konzert. Die Eltern und ihre fünf Kinder reisten ständig gemeinsam in einem großen Bus herum. Trotzdem hatten sie eine Nähe zueinander bewahrt, die uns in Erstaunen versetzte. Sie parkten ihren Bus in unserer Einfahrt. So hatte ich ein paar Tage Zeit, sie im Umgang miteinander zu erleben.

Die Kinder gingen wirklich erstaunlich miteinander um. So fragte ich Mrs. Murk, wie sie ihnen beigebracht hatte, einander so selbstverständlich zu vergeben. Sie erzählte, dass dies von klein auf ihr wichtigstes Anliegen in der Erziehung gewesen wäre. Wenn sie sich stritten, hatte Mrs. Murk sie dazu gebracht, sich gegenseitig in die Augen zu schauen und Epheser 4,32 zu zitieren: *»Seid vielmehr freundlich und barmherzig, immer bereit, einander zu vergeben, so wie Gott euch durch Jesus Christus vergeben hat.«*

Dann hatte sie die Geschwister dazu angehalten, sich in den Arm zu nehmen und zu sagen: »Es tut mir Leid; ich hatte Unrecht.« Die Murk-Kinder wurden so Experten auf dem Gebiet des Friedenstiftens untereinander und auch unter ihren Freunden in der Schule. Unsere Familie war so beeindruckt davon, dass wir beschlossen, das auch bei uns zu versuchen. Und es funktionierte! In unserer Familie wächst nun schon die zweite Generation Kinder auf, denen es ein besonderes Anliegen ist, Vergebung zu schenken und zu empfangen.

Denkanstoß

Denk noch einmal über die Auswirkungen nach, die Stephanus' Vergebungsbereitschaft bei Paulus hatte. Fällt dir eine Situation ein, in der dir vergeben wurde, bevor du deinen Fehler bereut hattest? Wie hast du in dieser Situation reagiert? Hast du diese Erfahrung angewandt, als du herausgefordert warst zu vergeben?

Gebet für den Tag

Vater im Himmel, ich danke dir für Stephanus, Barnabas und Ananias. Sie alle haben Paulus gezeigt, welche Freiheit in der Vergebung liegt. Auch ich möchte eine solche Herzenshaltung haben. Schenk mir die Fähigkeit zu sagen: »Es tut mir Leid!« Ich möchte mich nicht von dem Stolz bestimmen lassen, der verlangt, dass der »Schein« gewahrt wird. Zeig mir, an welcher Stelle ich herausgefordert bin, anderen von der Gnade weiterzugeben, die ich empfangen habe.

36. Schritt eins: Eigene Vergebung empfangen

»Hätte ich Böses im Sinn gehabt, dann hätte der Herr mich nicht erhört. Aber er hat mich erhört, mein Gebet hat er angenommen. Ich preise den Herrn, denn er hat meine Bitten nicht verachtet und mir seine Liebe nicht entzogen.« (Psalm 66,18-20)

Ich habe im Laufe der Jahre viel darüber nachgedacht, wie Vergebung in persönlichen Beziehungen eigentlich aussieht. Einmal geschehen heißt eben nicht, dass das Thema jetzt für immer erledigt ist. Vergebung ist harte Arbeit. Vergebung erfordert eine enorme »übermenschliche« Anstrengung und ist oft emotional auslaugend. Manchmal hat man das Gefühl, wieder ganz von vorne bei Null anfangen zu müssen. Aber wo ist »Null«?

Und vor allem: Wir können anderen nicht etwas geben, das wir selbst nie empfangen haben. Deshalb muss Vergebung da ihren Anfang haben, wo Gott uns vergibt. Bevor ich nicht einsehe, dass ich selbst Vergebung nötig habe, werde ich anderen nicht vergeben können. Ich habe am Anfang dieses Andachtsbuches meinen eigenen Weg beschrieben, das zu begreifen und anzunehmen.

Jesus erzählte einmal eine Geschichte von zwei Brüdern. Beide hatten Vergebung nötig *(siehe Lukas 15,11-32)*. Erst seit meiner eigenen, demütigenden Erfahrung kann ich diese Geschichte mit all ihren Facetten richtig verstehen. Beide Brüder brauchen Vergebung, denn beide leben ausschließlich bezogen auf sich selbst. Dabei macht es einen entscheidenden Unterschied, ob man einen Menschen als seinen persönlichen Feind betrachtet oder als einen Gefangenen des Bösen. Gott hat uns das Privileg gegeben, bei der Befreiung Gefangener zu helfen.

Der berühmte ältere Bruder, der seinen jüngeren Bruder nicht im Entferntesten so empfängt wie der Vater, war ein Gefangener. Er war genauso gefangen in seiner Selbstgerechtigkeit wie der jüngere Bruder in seinem zügellosen Leben weit weg vom Vater. Der Ältere war schon lange nicht mehr bei seinem Vater zu Hause! Er arbeitete hart für ihn. Aber er war nicht im Einklang mit dem Herzen seines Vaters. Die Folge war, dass er seinen jüngeren Bruder nicht mehr schätzte. Seine aus Stolz gewachsene Blindheit machte ihn unfähig, sich an der Vergebung zu freuen, die sein Bruder empfing.

Kein Wunder also, dass der ältere Bruder so sauer war, als er das Rufen und Lachen von der Willkommens-Party für den reuigen Sünder hörte. Was wäre wohl passiert, wenn der verlorene Sohn auf seinem Weg nach Hause zuerst dem älteren Bruder begegnet wäre? Eine schreckliche Vorstellung!

Jesus macht mit seiner Geschichte deutlich: *Beide* Söhne haben sich vom Zentrum, von der Liebe des Vaters entfernt. Den Jüngeren hat sein Weg mit dramatischem Ende in die Fremde geführt. Bei dem Älteren fand die Entfremdung subtiler statt und hatte das Deckmäntelchen: »Ich tu ja alles für dich!« Auch in unserem Leben sind beide Wege möglich.

Wenn Menschen sich dafür entscheiden, die Last der Unversöhnlichkeit und der Ablehnung mit sich herumzutragen, anstatt zu vergeben, dann gehen sie ein großes Risiko ein. Als Paulus die Korinther ermahnte, einem Mann zu vergeben, der seine sexuellen Sünden öffentlich bereut hatte, hörte sich das so an: *»Denn wir wissen nur zu gut, wie uns der Satan zu Fall bringen möchte. Aber das soll ihm nicht gelingen.« (2. Korinther 2,11)*

Gordon und ich hatten oft Menschen in der Seelsorge, deren Partner eine außereheliche Beziehung eingegangen waren. Wir haben immer zur Vergebung geraten, wenn der andere sein

Verhalten bereute. Denn sonst gerät der Betrogene in eine viel zerstörerischere Gefangenschaft. Dem Satan ist es egal, *wie* er Beziehungen zerstört, Hauptsache, er kann sie kaputt machen. Eindeutig besiegt ist er dann, wenn wir Gottes Vergebung annehmen können. Und das befreit uns dazu, anderen vergeben zu können.

Denkanstoß

Bist du bereit, zum Vater im Himmel zu kommen, um Vergebung für deine Ichbezogenheit zu empfangen? Wir alle müssen besonders mit dieser Bitte in seine Gegenwart treten. Wenn wir unsere eigene Sündhaftigkeit erkennen, können wir auch sehen, dass andere Vergebung nötig haben. Wenn uns diese Einsicht fehlt, werden wir uns immer für etwas Besseres halten. Stell dir vor, wie es ist, frei von Schuld zu sein!

Gebet für den Tag

Vater, ich bin so dankbar, dass du mit offenen Armen auf den verlorenen Sohn gewartet hast. Das macht mir heute Mut und tröstet mich. Manchmal bin ich nicht bereit, bei mir selbst anzufangen. Bitte, erinnere mich dann daran, dass ich zuerst als Sünder zu dir kommen muss, um dir mein Leben zu übergeben. Vater, ich komme zu dir, so wie ich bin. Lass mich deine Liebe und Vergebung erfahren.

37. Schritt zwei: Die Verletzung erkennen und benennen

Zu Hause fragte Absalom sie: »Hat dieser Amnon dich belästigt? Sag niemandem etwas davon, denn er ist dein Bruder. Nimm die Sache nicht zu schwer!« Von da an wohnte Tamar einsam im Haus ihres Bruders Absalom. (...) Absalom sprach kein Wort mehr mit Amnon, er machte ihm keine Vorwürfe, aber er grüßte ihn auch nicht. Er hasste seinen Bruder, weil er seine Schwester Tamar vergewaltigt hatte. (2. Samuel 13,20+22)

Bevor wir den Prozess der heilenden Vergebung beginnen können, müssen wir die Verletzung erkennen und beim Namen nennen. Jemand hat einmal gesagt, dass Dämonen gerne ungenannt bleiben. Was man nicht beim Namen nennt, kann man auch nicht ändern. Vielleicht hat Jesus deshalb immer gerade die Dämonen, Sünden und inneren Haltungen beim Namen genannt, die andere lieber versteckt hätten.

Es ist leicht, uns selbst zu betrügen! Wir sagen, wir seien nicht wütend. Oder wir denken, die feindseligen Gefühle werden schon vergehen, wenn wir nur alles auf sich beruhen lassen. Vielleicht gelingt es uns ja auch für eine Weile, vor den Dingen davonzulaufen. Aber irgendwann holen sie uns ein. Geistliche »Krebsgeschwüre« wie Ablehnung, Feindseligkeit und Rachsucht bedürfen der Behandlung. Dazu muss man vorher mit ihnen zu einem »Spezialisten« gehen, der die Krankheit beim Namen nennt.

Im Alten Testament finden wir die traurige Geschichte von der Vergewaltigung Tamars durch ihren Bruder Amnon. Absalom war wütend, denn er liebte seine Schwester. Trotzdem redete er nicht darüber und ermutigte auch Tamar nicht dazu, darüber zu sprechen. Jahrelang kehrte ihr Vater, König David, die Geschichte unter den Teppich.

Doch dann kam der Tag, an dem Absaloms Wut explodierte und er den Befehl gab, Amnon zu töten. Der Mord führte schlagartig zu neuen Vertuschungen und unbenannten Verletzungen zwischen David und Absalom. Das führte schließlich dazu, dass Absalom sich eines Tages auflehnte und eine Verschwörung gegen seinen Vater anzettelte. Wenn David seinen Kindern dabei geholfen hätte, das Vergehen beim Namen zu nennen und aufrichtig damit umzugehen, dann wäre viel Zerstörung im Leben dieser Menschen vermieden worden.

Eine Frau vertraute mir an, dass ihr Vater sie als kleines Mädchen sexuell missbraucht hatte. Meine Freundin hatte all ihre Gefühle und ihre Wut tief in ihrer Seele vergraben. Sie war so erfolgreich dabei, dass sie lange Zeit dachte, sie könne alles wie einen schlechten Traum einfach vergessen.

Aber das war unmöglich. Als sie geheiratet hatte, musste sie feststellen, dass sie mit ihrem Mann große Schwierigkeiten im sexuellen Bereich hatte. Es fiel nicht schwer, die Verbindung zwischen den Schwierigkeiten der erwachsenen Frau und dem Missbrauch in der Kindheit herzustellen. Es war unvermeidbar, die Ereignisse beim Namen zu nennen, die Gefühle zu identifizieren und zu benennen, und den Folgen ins Auge zu schauen. Meine Freundin vertraute sich einem kompetenten Berater an, und ihre Wunden konnten geheilt werden. In der Behandlung lernte sie, wie wichtig es ist, Probleme klar zu erkennen und sie auch zu benennen.

Es gibt eine allgemein gültige Regel für Menschen, die durch andere, wie Eltern, Ehepartner, Freunde, Verwandte oder Arbeitskollegen, tief verletzt worden sind. Bevor das Thema nicht offen auf dem Tisch ist, kann man die Folgen nicht kontrollieren. Aber es ist wichtig, nicht beim Ausgraben des »Mülls« stehen zu bleiben. Sonst fangen wir an zu stinken wie er!

Wenn ich mit Menschen rede, die Ähnliches wie meine Freundin erlebt haben, frage ich sie: Worüber genau reden wir hier? Welche Gefühle sitzen tief in dir? Wann spürst du Wut über das Geschehene? Wo in deinem Leben fühlst du dich gehemmt oder eingeschränkt? Gibt es einen bestimmten Typ Mensch, der Feindseligkeit in dir auslöst? Welche Bedeutung könnte das haben? Diese Fragen sollen aufdecken und dem verletzten Menschen helfen, tief verborgene Wahrheiten zu erkennen.

Denkanstoß

Bist du dir der ungenannten, nicht vergebenen Verletzungen deines Lebens bewusst, die deine Seele fest im Griff haben? Hast du den Mut, ihnen in der Gegenwart Jesu Christi mit Hilfe eines Freundes, Pfarrers oder Therapeuten ins Auge zu schauen? Denk darüber nach. Dann tu etwas für deine innere Heilung.

Gebet für den Tag

Herr, ich weiß, dass du der große Befreier für gefangene Herzen bist. Hilf mir dabei, die Dinge beim Namen zu nennen, die mich verfolgen und mich unfähig machen, andere wirklich zu lieben.

Danke, Vater, dass du mir den Mut gibst, den ich heute brauche, um den ersten Schritt in die Freiheit zu tun.

38. Schritt drei: Mut zum Prozess der Vergebung

Da fragte Petrus: »Herr, wie oft muss ich meinem Bruder vergeben, wenn er mir Unrecht tut? Ist sieben Mal denn nicht genug?« »Nein«, antwortete Jesus. »Nicht nur sieben Mal. Es gibt gar keine Grenze. Du musst bereit sein, ihm immer wieder zu vergeben.« (Matthäus 18,21-22)

Vor kurzem sprach ich mit einer Frau, die ihren Mann durch die Fehldiagnose bei einer Krankheit verloren hatte. Obwohl das bereits zehn Jahre her war, kamen ihr sofort die Tränen, als ich sagte: »Im Urlaub muss das besonders schlimm für Sie sein.«

Sie war selbst überrascht, wie schnell ihr die Tränen in die Augen schossen und fragte: »Wo kommt das jetzt plötzlich her? Ich dachte, ich hätte alles, was mit seinem Tod zusammenhing, längst betrauert und vergeben.«

Ich habe diese Worte im Laufe der über vierzig Jahre im Dienst für Gott oft von Leuten gehört, die eigentlich dachten, sie hätten alles bereinigt. »Gerade wenn ich denke, ich hätte vergeben, überkommt mich eine Welle von Ärger. Ich werde mitgerissen von Gefühlen, die so intensiv sind, dass ich meine, jegliche Distanz verloren zu haben!«

Es ist wichtig, dass wir die Vielschichtigkeit unserer inneren Welt verstehen. Denn mit ihr werden wir im *Prozess* der Vergebung immer wieder konfrontiert. Am Anfang empfangen wir Gottes Gnade und benennen unsere Verletzungen. Dann folgt eine Zeit, in der wir uns immer wieder entscheiden zu vergeben. Und diese Zeit kann lang sein. Ihre Dauer hängt von verschiedenen Faktoren ab: Wie schwerwiegend war das, was uns angetan wurde? Wie tief gehen unsere Empfindungen? Wie ernsthaft wollen wir wirklich vergeben? Eines jedoch ist sicher: Unser Wille zu vergeben muss stärker sein als unsere Gefühle.

Gordon und ich kennen Menschen, für die ihre Vergangenheit mit den Verletzungen und Ungerechtigkeiten heute so real ist wie vor zwanzig oder dreißig Jahren, als es passierte. Ein Geschäftsmann, der immer noch böse auf einen früheren Partner ist, weil er ihn betrogen hat. Eine Ehefrau, die ihrem Mann nie vergeben hat, was er bei der Scheidung für hässliche Dinge gesagt hat. Ein junger Mensch, der seinen Vater völlig ablehnt, weil dieser zu beschäftigt war, ihm in der Kindheit genügend Aufmerksamkeit zu schenken.

Solche Menschen bleiben fixiert auf ein Erlebnis, das sie nie bewältigt haben. Sie vergeuden so wichtige Lebensenergien. Sie fesseln sich selbst an den Zeitpunkt, an dem sie sich weigerten zu vergeben. Sie sind selten offen für Hoffnung. Das ist echte Gefangenschaft! Die Entscheidung, dem Gebot Gottes zu folgen und zu vergeben ist ein *Anfangspunkt*. Wir denken zuerst, wir tun es für den anderen. Aber zu unserer Überraschung merken wir, dass *wir* ebenfalls befreit werden von einer schrecklichen Fessel, die Körper, Geist und Seele gefangen genommen hat.

Ich kann mich noch gut an meine Zeit mit Gordon in New York erinnern. Wir wohnten in einer Wohnung in der zwölften Etage mit Blick auf den East River. Eines Tages zeigte Gordon plötzlich auf das Empire State Building, das man in der Ferne sehen konnte, und sagte:

»Die Menschen sind wie dieses Gebäude: Man schaut auf die massive Konstruktion und denkt, es wäre eine Einheit. Aber wenn man näher herangeht, entdeckt man, dass es über achtzig Stockwerke gibt. Und in jedem Stockwerk passiert etwas anderes. In einem Stockwerk weiß man nicht unbedingt, was in dem anderen vor sich geht. Eine Aktivität hat mit der anderen nichts zu tun.

So ähnlich ist es auch mit den Menschen. Ist man weit von ihnen entfernt, scheinen sie eine Einheit zu sein. Aber je näher man einem Menschen kommt, desto klarer sieht man, dass er oft nicht mit sich selbst eins ist. ›Stockwerk 50‹ hat verstanden, dass wir Vergebung bekommen können. Aber ›Stockwerk 38‹ sabotiert diese Nachricht, als ob es überhaupt keine Vergebung gäbe. Die Aufgabe eines Menschen, der Vergebung leben will, ist es, alle Stockwerke zusammenzubringen.«

Dies war ein hilfreicher Gedanke für meine trauernde Freundin, deren Leben durch den Schicksalsschlag für immer verändert war. Die Tatsache, dass sie mit der Gegenwart ihres Mannes gerechnet hatte; der Wunsch, so wie früher ihre Erfahrungen mit ihm zu teilen; die Erkenntnis, dass dies alles nicht hätte passieren müssen – alle diese Dinge erschweren die Heilung. Aber wenn sie lernt, diesen komplexen Prozess mit Geduld anzugehen, wird sie geheilt werden!

Denkanstoß

Gab es in der letzten Zeit Situationen, in denen du überrascht feststellen musstest, dass Gefühle zurückkehrten, die du längst vergeben glaubtest? Hilft dir der Gedanke, dass du viel komplexer bist, als du gedacht hättest? Christus ist der Herr über alles. Aber in manchen Bereichen des Lebens brauchen wir Zeit, um das auch fühlen zu können. Darum müssen wir darauf achten, dass wir uns nicht nur von unseren Gefühlen bestimmen lassen.

Gebet für den Tag

Vater, dein Herz ist so groß! Ich denke so oft, ich sei leicht zu verstehen. Damit mache ich mir selbst etwas vor. Du aber kennst mich durch und durch. Ich möchte den Willen und das Verlangen danach haben, immer und immer und immer wieder zu vergeben. Bewahre mich davor, in alten Verletzungen gefangen zu bleiben. Immer wieder erkenne ich, wie sehr ich deine Gnade brauche, um dir nachfolgen zu können – gerade, wenn es um Vergebung geht.

39. Schritt vier: Der Verzicht auf Rache

Vergeltet niemals Unrecht mit neuem Unrecht. (...) Soweit es irgend möglich ist und von euch abhängt, lebt mit allen Menschen in Frieden. Liebe Freunde, denkt daran, dass es nicht eure Sache ist, euch selbst Recht zu verschaffen. Überlasst dieses Urteil vielmehr Gott, denn er hat gesagt: »Es ist allein meine Sache, Rache zu nehmen. Ich werde alles vergelten.« Handelt so, wie es die Heilige Schrift von euch verlangt: »Wenn dein Feind hungrig ist, dann gib ihm zu essen; ist er durstig, gib ihm zu trinken. So wirst du ›feurige Kohlen auf sein Haupt sammeln‹, du wirst ihn überwinden.« Lass dich nicht vom Bösen besiegen, sondern besiege das Böse durch das Gute. (Römer 12,17-21)

Wenn wir ganz ehrlich sind, ist es doch so: Jemand, der tief verletzt worden ist, hat einfach den Wunsch, dem anderen die Verletzung heimzuzahlen. Wenn man richtig angegriffen wird, fühlt man sich abgelehnt, gedemütigt, entwertet und manchmal auch betrogen.

Die normale menschliche Reaktion auf solche Gefühle ist, den »Täter« das Gleiche fühlen zu lassen. Damit er weiß, was er uns angetan hat. Wir wollen ihn bestrafen und ihm den gleichen Schmerz zufügen. Die innersten Bereiche unserer Persönlichkeit können sehr dunkel und geheimnisvoll sein. Tief in jedem von uns sitzt der Instinkt, Grausamkeit auch mit Grausamkeit zu vergelten.

Nicht jeder gerät dabei in die Versuchung, seine Rachegelüste auch offen zu zeigen. Vielleicht sind wir stolz darauf, dass wir nicht direkt zurückschlagen, wenn jemand uns verletzt hat. Gleichzeitig aber freuen wir uns, wenn diesem Menschen etwas

Schlechtes geschieht. Oder wir lassen Bemerkungen fallen, die den anderen unter Druck setzen. Manchmal können wir heimtückische Wege erfinden, um jemand anderen noch mehr zu demütigen oder zu benachteiligen. Dazu sind wir ja nicht nur fähig, wenn uns jemand verletzt hat. Wir reden uns dann ein, dass wir das nicht absichtlich tun. Doch wenn wir schonungslos offen mit uns wären, müssten wir zugeben, dass wir von dem Wunsch bestimmt sind zu bestrafen.

Vergebung setzt voraus, dass wir diesem Verlangen widerstehen. Das ist geistliche Arbeit, die viel Entschlossenheit erfordert. Es kann eine Zeit lang heißen, dass man sich stündlich neu entscheidet. Manchmal kann die einzig hilfreiche Motivation nur noch daher kommen, dass wir auf Jesus sehen. Er hat sich am Kreuz genauso entschieden. Jesus hat seine Peiniger nicht bekämpft. Er hat nicht gewettert gegen diejenigen, die die Kreuzigung angeordnet haben. Seine Reaktion war: *»Vater, vergib ihnen, denn sie wissen nicht, was sie tun« (Lukas 23,34).*

Es gibt nichts Schmerzlicheres, als von jemandem verletzt zu werden, der uns nahe steht. Aber auch hier können wir dem Beispiel unseres Herrn folgen. Jesus war seinen Jüngern gegenüber liebevoll und fürsorglich, obwohl sie ihn in der Stunde der Bedrängnis verlassen hatten. Obwohl Petrus seinen Herrn verleugnet hatte, ließ Jesus ihn nicht erst mal mit seinem schlechten Gewissen schmoren oder stellte ihn öffentlich bloß wegen seines Versagens. Er wusste, dass Petrus genug unter den Konsequenzen seiner Tat gelitten hatte. Als Jesus dann den Jüngern von seiner Auferstehung berichten ließ, sorgte er dafür, dass Petrus die Nachricht persönlich erhielt *(vgl. Markus 16,7).* Und am Ufer des Sees in Galiläa zeigte Jesus ihm ganz deutlich, dass die beschämenden Ereignisse vergessen waren. Der vorher erteilte Auftrag war nach wie vor gültig: *»Dann hüte meine Schafe« (Johannes 21,17).*

Das Verhalten Jesu lehrt mich vor allem eines: Wenn jemand an Gott oder mir schuldig geworden ist, habe ich kein Recht, über denjenigen zu richten. Egal, wie stark dieses ungeistliche und widergöttliche Verlangen auch in uns sein mag, wir sollten unsere Seele durch solch ein Verhalten nicht in Gefahr bringen!

Denkanstoß

Es erfordert Mut, keine Rache zu üben. Kannst du dich an eine Situation erinnern, in der jemand sich nicht an dir gerächt hat, obwohl du an ihm schuldig geworden bist? Welche Bedeutung hatte das für dich? Vielleicht gab es auch die andere Situation: Du hast dich gerächt. Wie hat sich das auf deine seelische Situation ausgewirkt?

Gebet für den Tag

Herr, ich finde, auf Vergeltung zu verzichten, ist eines der schwersten Dinge überhaupt. Der Apostel Paulus muss viele innere Kämpfe ausgefochten haben, um keine Rache zu üben für all die vielen Jahre, in denen er misshandelt wurde. Der Bibeltext zeigt mir ganz klar, dass ich mich an diesem Punkt verändern muss. Herr Jesus, lass deine Güte meine Feindseligkeit überwinden!

40. Schritt fünf: Das Zudecken der Schuld

Wer über die Fehler anderer hinwegsieht, gewinnt ihre Liebe; wer alte Fehler immer wieder ausgräbt, zerstört jede Freundschaft. (Sprüche 17,9)

Einen fünften Punkt im Prozess der Vergebung finden wir im Leben des Königs David. Er hat verstanden, dass Vergebung auch bedeuten kann, die Sünden des anderen zuzudecken. Das ist noch einmal ein großer Schritt, der über den Verzicht auf Rache hinausgeht.

König Saul hatte den jungen David *zehn* Jahre lang durch die ganze Wüste verfolgt. Das muss beide Männer zur völligen Erschöpfung getrieben haben. Die Stimmungsschwankungen des Königs machten es David unmöglich vorherzusehen, was als Nächstes passieren würde. Einmal wurde er zur Unterhaltung in den Palast eingeladen. Im nächsten Moment musste er den Speeren ausweichen und um sein Leben rennen.

Davids Reaktion war bemerkenswert. Statt den König ebenfalls mit Speeren zu bewerfen, duckte sich David und ging Saul aus den Augen. Wir finden in der Bibel aus dieser Zeit von David keine Worte der Rache, nur Worte des Respekts und der Trauer. Man könnte David unterstellen, dass er so Sauls Verhalten in folgenschwerer Weise deckt. Wie etwa eine Frau, die ihren alkoholabhängigen Mann »deckt«, der es nicht aus dem Bett und zur Arbeit schafft. Aber gesundes »Zudecken« verhindert nicht die natürlichen Konsequenzen, die sich aus falschen Entscheidungen ergeben.

Wenn wir uns die Geschichte genauer ansehen, erkennen

wir, dass der Beweggrund für Davids Verhalten keineswegs der ungesunde Wunsch nach Verschleierung von Sauls Missetaten war. Seine Motive waren viel selbstloser. David wollte Saul als den Gesalbten Gottes auf keinen Fall durch seine Person in Schwierigkeiten bringen. Weder durch seine Worte noch durch seine Taten. Er hielt sich selbst da noch zurück, als er die Möglichkeit gehabt hätte, Saul zu töten. Er wollte den von Gott gesalbten Herrscher nicht entehren.

Gott selbst sorgte dafür, dass Saul die Konsequenzen seines Tuns auch zu spüren bekam. Er starb einen erbärmlichen Tod. Und selbst da »deckt« David Saul noch durch seine Vergebung. Er hätte sich als Rache über den Tod Sauls freuen können. Viele waren der Meinung, dass er das Recht gehabt hätte, jede von Saul begangene Ungerechtigkeit, jeden Verrat, jede dunkle Tat ans Licht zu zerren.

Aber das tat er nicht. Er trauerte um Saul *(2. Samuel 1,11-27)*. Mehr noch: Er bestand darauf, dass keiner schlecht von Saul reden durfte. Das Volk sollte ihn genauso ehren wie Jonathan. *»Saul und Jonathan – jeder liebte und verehrte sie! Unzertrennlich waren sie im Leben, und nun sind sie auch im Tod vereint.« (2. Samuel 1,23).*

Wir alle haben schon mal uns selbst oder andere dabei ertappt, wie wir den geeigneten Moment für unsere rachsüchtigen Ziele ausnutzten. Man kann das auf sehr geschickte Weise tun: als Gebetsanliegen, als Zeugnis, unter dem Deckmantel des persönlichen Anteilnehmens in Gesprächskreisen. Nur Wenige halten inne und erkennen, dass das, was aussieht wie eine einfache Information in Wirklichkeit ein Weg ist, um den eigenen Ärger abzureagieren oder jemanden zu verurteilen. D. E. Hoste, früher Leiter der China-Inland-Mission, hat gesagt: »Wenn ich auf die fünfzig Jahre meiner Arbeit zurückblicke, kommt mir folgender Gedanke: Es gibt nichts, was bei der Arbeit an Gottes Reich mehr Schaden anrichtet und Leid und Spaltung verursacht, als negatives Reden über andere und Lästern.«[3]

David hat in seiner schmerzlichen Beziehung zu Saul den richtigen Weg gewählt. Was andere an die Öffentlichkeit getragen hätten, hat er zugedeckt. Könnte es sein, dass Davids Sohn Salomon deshalb mahnend gesagt hat: *»Liebe sieht über Fehler hinweg« (Sprüche 10,12)*? Im Neuen Testament wird David nur einmal näher beschrieben, und zwar als Mann nach dem Herzen Gottes *(Apostelgeschichte 13,22)*. Hat der Heilige Geist, der bei der Entstehung der Bibel mitgewirkt hat, dafür gesorgt, dass die falschen Entscheidungen und moralischen Fehler Davids aufgrund seiner Haltung zu Saul mit gnädiger Vergebung »zugedeckt« wurden?

Denkanstoß

Was bewirkt die Geschichte von David und König Saul in dir? Bei einem gesunden »Zudecken« wird die Schuld oder das Versagen eines Menschen nicht böswillig an die Öffentlichkeit gezerrt. Worin liegt der Unterschied zu einem ungesunden »Zudecken«, bei dem die Wahrheit über das unverantwortliche Tun eines Menschen geleugnet wird? Denk an Situationen, in denen du dich für die Vergebung entschieden hast – hast du die Sünde auch zugedeckt?

Gebet für den Tag

Herr, bitte schenk mir die Weisheit, zwischen gesundem und ungesundem Zudecken zu unterscheiden, genauso zwischen wahrer Vergebung und passiver Ablehnung. Schenk mir deinen Heiligen Geist, damit ich erkennen kann, wann ich die Sünden eines Menschen nicht zugedeckt habe. Denn auch ich wünsche mir von anderen solchen Umgang mit meiner Schuld.

41. Schritt sechs: Einen Neubeginn ermöglichen

»Kommt doch näher!«, sagte Josef. (...) »Aber ihr braucht euch nicht zu fürchten. Macht euch keine Vorwürfe, dass ihr mich hierher verkauft habt, denn Gott wollte es so! Er hat mich vorausgeschickt, um euch zu retten. (...) Du kannst im Gebiet Goschen wohnen, dann bist du ganz in meiner Nähe. Bring deine Familie, deinen Besitz und dein Vieh mit! (...) Ich werde für euch sorgen und keiner wird mehr hungern müssen.« (1. Mose 45,4-5+10-11)

Der letzte Schritt im Prozess, den nutzlosen Ballast der Ablehnung und des Zorns abzuwerfen, ist der »Neubeginn«. Das bedeutet, dass man nicht nur die Sünden des anderen zudeckt, sondern ihm auch dabei hilft, sein Leben wieder in die richtigen Bahnen zu lenken und einen neuen Anfang zu machen. Echte Reue erzeugt eine Art »geistliches Hinken«, einen Schmerz, den man fühlt, wenn man sich an seine Schuld erinnert. Die Aufgabe dessen, der vergibt, ist es, dieses Hinken lindern zu helfen.

Josef musste durch die Entscheidung seiner Brüder, ihn als Sklave zu verkaufen, viel Feindseligkeit ertragen. Es war sicher eine große Versuchung für ihn, Rachegedanken und Bitterkeit gegen seine Brüder in sich aufzustauen. Ich habe mich gefragt, ob er das nicht auch getan hat. In all den Stunden der Untätigkeit, in denen er darüber nachdenken konnte, was er sagen und tun würde, wenn er sie jemals in die Finger bekäme. Doch Gott benutzte seine zweifache Gefangenschaft als Sklave und als Gefängnisinsasse, um alle Bitterkeit verschwinden zu lassen. In diesen Jahren lernte Josef die innere Haltung, die er später als Führungspersönlichkeit brauchte. Und in ihm wuchs auch die Fähigkeit, Vergebung zu schenken. Als er den Kerker verließ, um einer der wichtigsten Männer der damaligen Welt zu werden, war er ein wirklich freier Mann. Er war frei von kleinlichen Gefühlen, von Bitterkeit oder Rachegelüsten. Er beschenkte sich selbst, indem er seinen Brüdern vergab.

Wenn man die Biographie Josefs im 1. Buch Mose sorgfältig liest, entdeckt man, dass das Leben der Brüder dagegen geprägt war von geistlichen Fesseln und Schuldgefühlen. Sie kamen nach Ägypten und erschienen vor Josef, um während der Hungersnot Essen zu kaufen. Sie erkannten in ihm zwar nicht ihren verstoßenen Bruder, aber ihre Schuldgefühle kamen sofort an die Oberfläche.

Als Josef und seine Brüder aufeinander trafen, hätte Josef sowohl die Macht als auch das Motiv gehabt, sich zu rächen. Er hatte die Position und das Recht, es seinen Brüdern so richtig heimzuzahlen – Auge um Auge, Zahn um Zahn.

Er handelte anders. Er traf sich allein mit ihnen und gab sich zu erkennen. Da schlugen die Emotionen hoch! Er sprach ihnen seine bereits seit langem gewährte Vergebung zu. Er wies ihnen die Perspektive, dass Gott aus ihrem schlechten Tun noch etwas Gutes gemacht hatte. Und was er dann tat, zeigt, dass seine Vergebung vollständig war: Er wollte sich ihrer annehmen und für sie und ihre Kinder sorgen. Das war aufbauende Liebe.

Alles, was ich bisher über Vergebung gesagt habe, findet sich im Leben von Josef: Er *empfing* Gottes Gnade in seinem Leben. Er *erkannte* und benannte seine Verletzungen. Er *entschloss sich* zu vergeben. Er *verzichtete* auf Rache und *deckte* die Sünde der anderen zu. Und er ermöglichte *einen Neuanfang* in der Beziehung.

In meinem eigenen Leben sind das die Schritte hin zu einer fröhlichen Freiheit gewesen. Sie erwächst daraus, dass man die loslässt, die einem wehgetan haben. Ich weiß, dass dies die übernatürliche Arbeit des Heiligen Geistes ist. Und ich weiß, dass weniger nicht genug ist.

Denkanstoß

In welchen Situationen musstest du innerlich kämpfen, um vergeben zu können? Wie könnten die Beziehungen aussehen, wenn du gerade hier einen Neubeginn wagen und ermöglichen würdest? Geh jetzt die oben angeführten Schritte rückwärts. Finde den Punkt, an dem du in der jeweiligen Beziehung »blockierst«. Arbeite daran, dem Ziel eines Neubeginns näher zu kommen.

Gebet für den Tag

Herr, danke, dass die Geschichte Josefs in der Bibel steht. Ich sehne mich danach, genauso frei zu sein wie er. Aber ich muss zugeben, dass ich am liebsten eine Abkürzung nehmen würde. Nimm mir meine Feigheit, Herr. Gib mir dafür deine Liebe, die nicht aufgibt, bis ich beim letzten Schritt des Weges angekommen bin.

42. Die Geschichte einer vergebenden Liebe

»Schließlich möchte ich euch allen noch eins sagen: Haltet fest zusammen! Nehmt Anteil am Leben des andern und liebt euch wie Brüder! Seid barmherzig zueinander und haltet nicht so viel von euch selbst. Vergeltet nicht Böses mit Bösem, bleibt freundlich, auch wenn man euch beleidigt. Denkt und redet Gutes über den andern, denn ihr wisst ja, wie viel Segen Gott euch zugedacht hat.« (1. Petrus 3,8-9)

Vor Jahren wurde in *Reader's Digest* die Geschichte von Edith Taylor aus Waltham in Massachusetts erzählt. Mrs. Taylors Mann war Konstrukteur und sein Beruf führte ihn nach dem Zweiten Weltkrieg nach Okinawa. Die beiden hatten sich darauf geeinigt, dass Mrs. Taylor aus finanziellen Gründen zu Hause blieb.

Monate der Trennung vergingen, die Taylors schrieben sich täglich. Mit der Zeit jedoch wurde die Post aus Okinawa immer seltener. Und eines Tages kam ein Brief, der Edith Taylors Leben für immer veränderte. Ihr Mann bat sie um die Scheidung. Er hatte eine junge Asiatin kennen gelernt, die er heiraten wollte.

Traurig gab Edith die Zustimmung zur Scheidung. Sie bat allerdings darum, den Kontakt nicht ganz abbrechen zu lassen. Sie wollte wissen, in welche Richtung sein Leben weitergehen würde. Ihr Mann versprach, sich ab und zu zu melden.

Einige Jahre vergingen. Ediths geschiedener Mann bekam zwei Töchter mit seiner japanischen Frau. Als sie die Geburtsanzeigen erreichten, schickte Edith jedes Mal Glückwünsche und ein Geschenk. Eines Tages bekam sie einen traurigen Brief.

Mr. Taylor war unheilbar krank. Spontan schrieb Edith zurück. Sie wollte sich nach seinem Tod um seine asiatische Familie kümmern.

Nach der Beerdigung lud Edith die beiden Töchter ein, bei ihr in Amerika zu leben. Die leibliche Mutter hatte nicht genug Geld, um richtig für sie zu sorgen. Doch bald wurde deutlich, dass Mutter und Töchter nicht getrennt voneinander leben konnten. So machte es Edith Taylor innerhalb weniger Monate möglich, dass die Mutter nach Amerika nachkommen konnte. In den folgenden Jahren wohnten die beiden Frauen und die Töchter zusammen in Waltham.

Indem Edith ihrem Ex-Mann und dessen Frau vergeben hatte, wurde sie selbst beschenkt. Ihr gnädiges Handeln fiel auf sie zurück und füllte ihr restliches Leben mit Segen.[4]

Denkanstoß

Manchmal hören wir von einer Liebe, die direkt aus dem neuen Testament zu kommen scheint. Kennst du jemanden in deinem Bekanntenkreis, der so bedingungslos und tief geliebt hat? Welche Charakterzüge machen es diesem Menschen möglich zu vergeben?

Gebet für den Tag

Herr, ich bin überzeugt von der Kraft und der Notwendigkeit eines vergebenden Herzens. Ich möchte gerne über ganz neue Wege auf die zugehen, die mir wehgetan haben. Ich möchte das tun, auch wenn sie selbst nicht bereit sind, auf mich zuzukommen. Du hast mir gezeigt, dass ich zuerst für meine eigene Herzenshaltung verantwortlich bin. Danke, dass du mir so viel bewusst machst, Vater.

Teil 5

Den eigenen Rhythmus finden

Jemand hat einmal richtig bemerkt, dass die Schwierigkeit beim Christsein darin liegt, dass es im *Alltag* stattfindet. Um »den eigenen Rhythmus zu finden« auf dieser Glaubensreise durch unser tägliches Leben, müssen wir mehrere Disziplinen einüben. Nur so können wir die Liebe zu Gott in unserem Herzen bewahren.

Manchmal ist es zum Beispiel hilfreich, sich zu fragen, *warum* wir überhaupt den Weg des Glaubens gehen. Was treibt uns an? Warum wollen wir durchhalten? Sind wir motiviert, weil wir etwas davon gespürt haben, was uns am Ziel erwartet?

Der folgende Teil fordert uns heraus, einen ehrlichen Blick auf die Vielschichtigkeit des Menschen zu werfen. Und wir wollen ebenso die Kostbarkeit von Stille und Einsamkeit entdecken.

43. Gottes Wohlgefallen suchen

»Alle Entbehrungen aber ertragen wir für euch. Denn je mehr Menschen für Christus gewonnen werden, umso mehr werden wir Gott danken und ihn über alles ehren.« (2. Korinther 4,15)

Langstreckenläufer sprechen oft davon, dass sie ihren »Rhythmus« finden müssen. Das geschieht nicht sofort nach dem Start. Im Gegenteil, manchmal dauert es eine ganze Weile. Aber der Läufer kommt unweigerlich irgendwann an den Punkt, an dem die Schrittlänge, die Atmung, das Körpergefühl und die innere Einstellung in Einklang miteinander sind. Dann hat er das Gefühl, dass er ewig so laufen könnte.

Den Gewinner hört man nach dem Wettkampf oft sagen: »Als ich meinen Rhythmus gefunden hatte, wusste ich, dass ich das Rennen gewinnen würde.« Der Verlierer sagt dann eher: »Ich weiß nicht, was heute los war. Ich habe meinen Rhythmus nicht gefunden.«

Den Läufer Eric Liddell kennen viele durch den Film »Die Stunde des Siegers«. In ihm löste das Gefühl, seinen Rhythmus gefunden zu haben, immer wieder tiefe Freude aus: »Wenn ich laufe«, so sagte er zu seiner Schwester Jenny, »dann fühle ich, wie Gott sich freut.«

Der Langstreckenlauf ist ein gutes Bild für unsere geistliche Reise. Es geht darum, den eigenen Rhythmus zu finden und Gottes Freude darüber zu spüren. Ich empfinde das besonders, wenn ich mit ungebremster Freude singe und Gott anbete. Ich habe meinen Rhythmus und spüre Gottes Freude, wenn ich jemanden ermutigen kann oder jemanden aufrichte, der niedergeschlagen ist. Ich habe dieses Gefühl, wenn wir unser Haus für

Gäste öffnen und ich im Namen Jesu Gastfreundschaft üben kann.

Seit über vierzig Jahren arbeite ich nun daran, meinen »Rhythmus« zu finden. Dabei habe ich folgende Erfahrung gemacht: Wenn du ihn wirklich gefunden hast, dann möchtest du nur noch eine Freude für Gott sein. Ganz allein für ihn. In solchen Momenten bist du nahe daran, dich selbst zu vergessen. Es wird unwichtig, ob du Applaus oder Bestätigung bekommst. Es wird dir egal, wie du auf andere wirkst oder was sie denken.

Du bist, was du bist, und du tust, was du tust, um Gott die Ehre zu geben. Und das ist auch das einzig Wichtige.

Den Rhythmus zu finden, wie die Athleten es ausdrücken, kann man nicht über Nacht lernen. Es erfordert eine Menge Übung. Der Läufer oder die Läuferin arbeiten an ihrer Haltung, an der Schrittlänge, am Einsatz der Arme und der Stellung des Kopfes. Zahllose Stunden werden damit zugebracht, das richtige Zusammenspiel von Arm- und Beinmuskeln zu trainieren. Dazu kommt das Konditionstraining: Läufe über viele Kilometer, tägliche Sprintübungen, damit der Körper belastbar wird. Einige würden sagen, dass auch der Geist trainiert werden muss. Damit seine Durchhaltekraft nicht da endet, wo die Müdigkeit einsetzt.

Am Tag des Wettkampfs kommen dann alle Facetten des Trainings, die oft im Verborgenen erarbeitet wurden, im Zusammenspiel zum Einsatz. Der Schuss aus der Startpistole fällt und die Läufer verlassen den Startblock. Einige finden sehr schnell »ihren Rhythmus«. Am Ende gewinnt der, der nicht aufgibt, auch wenn etwas schiefläuft, die Konkurrenz stark ist oder die Umstände widrig werden. Es gewinnt der, der das, was er vorher trainiert hat, jetzt auch anwendet und umsetzt.

Denen, die Christus auf ihrer Lebensreise nachfolgen, können wundervolle Dinge passieren. Ich muss allerdings dazu sagen, dass der Weg nicht immer leichter wird durch den Glauben. Im Gegenteil, es könnte sogar schwieriger werden. Aber aus den ersten zögerlichen, gewagten und vielleicht sogar törichten Schritten in Gottes Gegenwart werden vertrauensvolle, sichere und zielgerichtete Schritte. Jeder, der treu trainiert, wird früher oder später den eigenen Rhythmus finden und Gottes Freude darüber spüren.

Denkanstoß

Was bedeutet es konkret für dich, deinen »Rhythmus« zu finden? Wann spürst du Gottes Freude? Bist du bereit, den Weg geduldig zu gehen – vielleicht sogar über Jahre? Ist dir bewusst, dass es wichtiger ist, Christus Ehre zu geben als dir selbst? Bitte den Herrn, dir zu zeigen, was ihm Freude bereitet.

Gebet für den Tag

Vater, ich bin dankbar dafür, dass du einen langen Atem hast, damit ich auf meinem Weg Christus ähnlicher werde. Hilf mir, mich immer wieder an die Geduld Jesu zu erinnern, so wie Paulus die Gemeinde in Thessaloniki daran erinnert hat. Viel zu oft will ich alles sofort. Ich lasse meine Ungeduld los und gebe mich heute in deine Hände. Lass in mir das Vertrauen wachsen, dass du mir jeden Tag neu gibst, was ich brauche. Hilf mir in diesem Prozess, immer wieder auf Jesus, deinen Sohn, zu sehen.

44. Kartoffelchips – die Qual der Wahl

»Hört! Die Weisheit ruft, und die Einsicht lässt ihre Stimme erschallen! (...) Hört auf mich, denn es ist wichtig für euch. Was ich sage, ist aufrichtig und ehrlich. (...) Meine Ratschläge solltet ihr dankbarer annehmen als Silber oder Gold. Denn Weisheit ist wertvoller als die kostbarste Perle, unvergleichlich mehr als alles, was ihr euch erträumt.« (Sprüche 8,1+6+10-11)

Eine Freundin kehrte nach vier Jahren Arbeit in einem Entwicklungsland in die Vereinigten Staaten zurück. »Was hat dich am meisten erschreckt, als du wieder in unsere westliche Kultur kamst?«, habe ich sie gefragt.

»Das Regal mit den Kartoffelchips im Supermarkt«, war ihre Antwort.

Erst musste ich lachen. Diese Antwort schien nicht besonders tiefsinnig zu sein. Aber dann fuhr sie fort:

»Das Regal mit den Kartoffelchips ist ein Bild für alles, was unsere Familie bei diesem Besuch in der Heimat erlebt. Als ich vor vier Jahren einkaufen ging, gab es ein paar Sorten Chips im Regal. Jetzt habe ich so viel Auswahl, dass mir die Zeit zum Aussuchen fehlt. Soll ich normale Chips oder welche mit Rillen nehmen? Fettfreie, ungesalzene oder ›extra scharf‹? Chips mit Barbecue-, Käse-, Pizza- oder Zwiebel-Geschmack? Es ist unglaublich! Die Entscheidungsschwierigkeiten lähmen mich geradezu. Ich wollte doch einfach nur Kartoffelchips!

Ich frage mich, warum ich kostbare Zeit meines Lebens damit verbringen soll zu entscheiden, welche Sorte Kartoffelchips ich kaufen möchte.«

Diese Aussage meiner Freundin hat einiges in meinem Leben verändert!

»Chips-Entscheidungen« nenne ich die Zeiten, in denen ich in einer Flut von unwichtigen Dingen stehe und auswählen und Entscheidungen treffen soll. Wir werden bedrängt von vielen, die unsere Zeit, unsere Loyalität, unser Geld wollen. Auch wenn ihre Ziele oft ehrenhaft sind, ergreifen sie doch Besitz von uns, bevor wir auch nur einen Moment danach fragen können, was Gott eigentlich von uns will.

Wenn wir uns innerlich nicht wirklich über unsere Ziele im Klaren sind, wird unser Leben hin und her geworfen wie ein Ball beim Flipperspiel. Unsere Ziele bestimmen und kontrollieren dann andere.

Diese Tendenz verstärkt sich in Krisenzeiten, in denen selbst die kleinsten Entscheidungen enorme Kraft kosten können. Gerade in Zeiten, in denen wir dringend Gottes Rat und Hilfe suchen, ist es besonders wichtig, dass wir unsere Kräfte sinnvoll einsetzen. Wir müssen uns sehr sorgfältig Momente des Innehaltens bewahren, die sonst allzu schnell von den unwichtigen und »weltlichen« Dingen aufgefressen werden.

Denkanstoß

Mit welchen »Chipsentscheidungen« warst du zuletzt konfrontiert? In gewissem Maße gehören die kleinen Entscheidungen natürlich zum Leben dazu. Aber wenn du dich zu sehr auf eigentlich unwichtige Entscheidungen konzentrierst, wirst du dich schnell zerrissen und erschöpft fühlen. Wenn bei dir gerade große Entscheidungen anstehen, dann vereinfache dein Leben so gut wie möglich. Investiere deine Zeit und Kraft zuerst dafür, ein weises Herz zu bekommen. Welche praktischen Schritte in diese Richtung kannst du jetzt tun?

Gebet für den Tag

Herr, ich möchte, dass jede Entscheidung, die ich heute treffe, dir gefällt. Ich möchte sowohl die richtige Wahl treffen als auch das angemessene Maß an Zeit und Energie für die Entscheidung aufbringen. Hilf mir dabei, meine Zeit und meine Kraft gut einzuteilen, damit mein Herz weise wird.

45. Das Ziel im Blick behalten

»Seitdem haben wir nicht aufgehört, für euch zu beten und Gott darum zu bitten, dass ihr seinen Willen erkennt und sein Geist euch mit Weisheit und Einsicht erfüllt. Dann nämlich könnt ihr so leben, wie es Gott gefällt, und viel Gutes tun. Ihr sollt ihn immer besser kennen lernen und seine göttliche Kraft erfahren, damit ihr geduldig und ausdauernd euern Weg gehen könnt.« (Kolosser 1,9-11)

Als Kind träumte Beverly Sills davon, eine berühmte Opernsängerin zu werden. Allerdings hasste sie es zu üben! Ihre Eltern mussten sie jeden Tag daran erinnern. Das war ziemlich anstrengend. Schließlich sagte einer von ihnen: »Beverly, du musst lernen zu mögen, was du liebst.«

Uns geht es manchmal auch so. Wir *sagen,* dass wir etwas lieben. Aber wir mögen es nicht, weil wir das Ziel nicht klar genug vor Augen haben und unsere Leidenschaft nicht jeden Tag neu anfachen. Wenn das Ziel verschwimmt, gewinnt leicht weniger Wichtiges die Oberhand.

Menschen, die das Ziel im Blick haben, teilen sich ihre Kräfte gut ein. Sie wissen, wie sie ihre Energie für die wichtigen Dinge aufsparen. Es sind Menschen, die ihre Zeit gut einteilen. Und die wissen, wie sie nein und wann sie ja sagen. Solche Menschen reagieren nicht panisch auf Rückschläge und frustrierende Erfahrungen. Sie halten durch, auch wenn ihnen der Wind entgegenbläst. Sie lassen sich nicht so leicht durch Schmeichler verführen oder durch Kritik von ihrem Ziel abbringen.

Eine Freundin von mir hat ihr Ziel einmal mit drei einfachen Worten zusammengefasst: »Das Leben wählen!« Auf der Basis dieser kurzen Aussage aus dem fünften Buch Mose hat sie jede ihrer Entscheidungen getroffen. Die Frage danach, ob etwas Leben ermöglicht, half ihr, klarer zu sehen.

»Wir können einen Schokoriegel oder einen Apfel essen«, sagte sie. »Welches von beidem hat den höheren gesundheitlichen Wert? Wir können den Fernseher einschalten oder ein Buch lesen. Welches von beidem trägt mehr zu unserem inneren Wachstum bei? Wir können etwas Liebevolles oder etwas Kritisches sagen. Welches von beidem ist die bessere Nahrung für die Persönlichkeit?« Meine Freundin hatte beschlossen, bei allem, was sie während des Tages tat, ihr Ziel im Blick zu behalten: ein vitales, gesundes und auf Wachstum ausgerichtetes Leben. Denn ihr letztes Ziel ist, dass andere sich für das Leben entscheiden. Ein Leben, wie nur Jesus Christus es anbietet.

Denkanstoß

Hast du dein Ziel auch im Alltag immer neu vor Augen? Fang auf der Grundlage dieser Andacht an, für dich zu formulieren, was du anderen Menschen weitergeben möchtest. Gibt es in deinem Leben irgendetwas, das du für dieses Ziel aufgeben musst? Wenn ja, wie willst du es umsetzen?

Gebet für den Tag

Herr, danke für all die Gaben, die du mir geschenkt hast. Hilf mir dabei, sie weise zu verwalten, damit ich deine Pläne für mich besser erfüllen kann. Ich möchte ganz konzentriert sein auf mein persönliches Ziel. So möchte ich ein Leben führen, das dir Ehre macht.

46. Die Klinge schärfen

»Geht jetzt an einen einsamen, stillen Platz!«, sagte Jesus zu ihnen. »Ihr habt Ruhe nötig!« (Markus 6,31)

An einem Sommernachmittag blieben Gordon und ich bei einer Wanderung stehen, um einem Bauer und seiner Frau beim Grasmähen zuzusehen. Beide schwangen ihre langen Sensen mit einer Anmut von einer Seite zur anderen, dass es dem schwerelosen Tanz eines Balletttänzers glich. Nach einiger Zeit hörte der »Tanz« auf. Die beiden zogen Schleifsteine aus ihrer Tasche und begannen, mit erstaunlicher Wendigkeit die Klingen der Sensen zu schärfen.

Gordon und ich dachten darüber nach, warum die beiden wertvolle Arbeitszeit dafür einsetzten, ihre Sensen zu schleifen. Aber dann wurde uns klar, dass diese Pause beim Mähen gar keine Unterbrechung ihrer Arbeit war. Sie war *Teil* ihrer Arbeit. Die geschärfte Klinge machte jeden Schnitt leichter und jede Bewegung effizienter.

Für Menschen von meinem Typ ist ein Bibelvers wie Psalm 46, Vers 11 eine persönliche Herausforderung: *»Werde still und erkenne, dass ich Gott bin.«* Wir sind oft angetrieben davon, Gutes zu *tun* für andere. Wenn wir aber immer nur geben, wird uns eines Tages die Kraft ausgehen. Wir müssen immer wieder innehalten, um unsere Herzen in der Hingabe an Jesus Christus zu »schärfen«. Sonst werden wir langfristig auch nicht fähig sein, etwas für ihn zu tun. Es ist eine einfache Rechnung. Wenn wir unsere innere Kraft stärken, bevor wir in äußerliche Aktivitäten verfallen, trägt unser Tun dazu bei, Christus in uns groß werden zu lassen. Er hat nach diesem Prinzip gelebt. Wir sollen in seinen Fußstapfen gehen. Diese Einsicht bekommt noch mehr Gewicht, wenn unser Herz von den Schwierigkeiten des Lebens zermürbt ist.

Anne Morrow Lindbergh schreibt im Folgenden zwar nicht aus einer christlichen Sicht. Aber sie trifft intuitiv die Wahrheit, wenn sie dazu auffordert, eine Wendung nach innen zu vollziehen:

> »Die Frau muss auf der Suche nach der Kraft in uns den ersten Schritt tun. In gewissem Sinn ist sie immer ein Pionier gewesen! Noch bis zur letzten Generation war sie in den Möglichkeiten sehr beschränkt, sich in äußere Aktivitäten zu flüchten. So war sie durch die vorgegebenen Grenzen ihres Lebens gezwungen, sich nach innen zu wenden. Dieser Blick jedoch gab ihr die verborgene Kraft, die der Mann in seinem nach außen gerichteten, aktiven Leben nur selten fand. Aber bei unseren jüngsten Emanzipationsbestrebungen und unserem Versuch, unsere Gleichberechtigung zu beweisen, haben wir uns dazu verleiten lassen, den Wettkampf mit dem Mann auf Kosten unserer eigensten Lebenskräfte zu führen. Warum ließen wir uns dazu verführen, die zeitlose innere Kraft der Frau aufzugeben für die zeitweilige äußere Kraft des Mannes?«[1]

Wenn wir anderen lebensspendendes Wasser weitergeben wollen, dann müssen wir zuerst selbst einen großen Schluck aus der Quelle des Lebens nehmen. Wir müssen beiseite treten, heraus aus unseren Aktivitäten, um Gottes inneres Flüstern hören zu können. Diejenigen, die alles planen – auch das *Unterlassen* von Aktivitäten –, müssen dann also das *Unterlassen planen.* Immer wenn Gordon und ich diesen Rhythmus vernachlässigt haben, Abstand von den Menschen zu nehmen, um die Beziehung zu Christus zu pflegen, haben wir es später bereut. Wenn wir mit *leerer Seele* arbeiten, werden wir nicht erfahren, was ein Leben bedeutet, in dem Gott uns auf seinen starken Armen trägt.

Denkanstoß

Amy Carmichael hat gesagt: »Viel zu viel von deinem Wesen ist den Stürmen des Lebens ausgesetzt. Musst du dich nicht immer und immer wieder an einen geheimen Ort zurückziehen?«

Wo in deinem Tag oder in deiner Woche gab es »geplantes Unterlassen«? Welchen Schritt könntest du in diese Richtung tun?

Gebet für den Tag

Herr, alle diese Wahrheiten sehen auf dem Papier so richtig aus. Aber du kennst mich. Du weißt, wie viel in meinem Leben eher einer Jagd zum Ziel zu gleichen scheint. Vergib mir, dass ich die Dinge vernachlässigt habe, die dir wichtig sind. Bitte sprich du heute zu meinem Herzen, was ich tun soll.

47. Innere Widerstände aufdecken

»Herr, du durchschaust mich, du kennst mich durch und durch. (...) Schon bevor ich rede, weißt du, was ich sagen will. (...) Durchforsche mich, o Gott, und sieh mir ins Herz, prüfe meine Gedanken und Gefühle! Sieh, ob ich in Gefahr bin, dir untreu zu werden, dann hol mich zurück auf den Weg, der zum ewigen Leben führt!« (Psalm 139,1+4+23-24)

In unserem geistlichen Leben machen wir so manche widersprüchliche Erfahrung. Wir sagen zum Beispiel, dass wir Gott kennen lernen wollen, um in seiner Gegenwart Kraft und Stabilität zu bekommen. Und dann entdecken wir zu unserer Überraschung, dass ein Teil in uns ablehnend auf diese Nähe reagiert, vielleicht sogar vor Gottes Gegenwart zu fliehen versucht. Gibt es eine Erklärung für diesen Widerwillen?

Eine Möglichkeit könnte die Angst vor einem geistlichen Scheitern sein. Wir haben solche Erfahrungen wohl alle schon einmal gemacht: Wir erleben eine Zeit, in der jeder einzelne Moment von Gottes unmittelbarer Nähe geprägt zu sein scheint. In solchen Phasen sind wir versucht zu glauben, dass wir eine neue Stufe des geistlichen Lebens erreicht haben. Und dass es von jetzt an immer so sein wird. Aber dann kommt unser »Wachstum« aus unerfindlichen Gründen zum Stillstand. Wir haben das Gefühl, wieder ganz am Anfang zu stehen. Aus Angst vor einer (neuen) Enttäuschung trauen wir uns nicht so recht, einen neuen Versuch zu machen.

Mir fällt noch eine weitere Erklärung ein. Wir sind manchmal besessen von dem Gedanken, dass das Leben praxisorientierter sein müsste. Beten, Bibellesen, Zeit zur Selbstreflexion und Ruhe zum geistlichen Hören sind zwar gut und bewundernswert. Aber sie scheinen uns nicht schnell genug zu den erwünschten und klar ablesbaren Ergebnissen zu führen. Einmal mehr hören wir dann eine äußerliche Welt propagieren, dass Geschäftigkeit, lautes Geschrei und mehr Besitz die wahre Antwort auf die Herausforderungen des Lebens sind.

Und eine dritte Erklärungsmöglichkeit: Einige haben schon erlebt, dass eine größere Nähe zu Gott oft auch bedeutet, dass wir neue und erschreckende Wahrheiten über uns selbst entdecken. Das war auch Jesajas Erfahrung. Als er in die Gegenwart des mächtigen Gottes gelangt, ruft er plötzlich aus: »Wehe mir!« Auf dem Hintergrund von Gottes Gerechtigkeit trat seine eigene Sündhaftigkeit nur noch deutlicher hervor. Das ist nicht unbedingt ein attraktiver Gedanke.

Mir sind alle diese Möglichkeiten mehr als einmal begegnet. Von mir muss ich sagen, dass ich diese letzte am allerbesten kenne. Gordon und ich reisen viel. Deswegen bin ich an die Leuchtstoffröhren gewöhnt, die oft die Badezimmer der Hotels beleuchten. Wenn ich in den Spiegel schaue, verstärkt dieses Licht meine Falten und Unreinheiten im Gesicht. Sicher, ich brauche die Zeit vor dem Spiegel, um mich zurecht zu machen. Aber ehrlich gesagt, ein Teil von mir würde lieber vor der Wahrheit davonrennen, die der Spiegel schonungslos aufdeckt.

Das Gleiche kann passieren, wenn ich mit ganzem Herzen nach Gott suche. Entscheide ich mich dafür, auf ihn zuzugehen, kann ich nicht vermeiden, dass ich mich selbst aus einer neuen Perspektive sehe. Das kann eine beunruhigende Erfahrung sein! Aber das geschieht nur, wenn ich mir nicht bewusst mache, wie gnädig Gott ist. Und wie sehr er sich wünscht, die Falten und Unreinheiten in meinem Herzen zu glätten und zu verändern.

Aber es gibt wohl noch eine weitere Möglichkeit, die uns davon abhalten kann, näher zu Gott zu kommen. Das ist die Tatsache, dass wir so viele Menschen kennen, die anscheinend gut ohne Gott auskommen. Wir fragen uns dann, warum wir uns so viel Mühe geben sollen, wenn andere nichts Derartiges tun.

Ich habe für mich beschlossen, dass ich mich nicht nach den anderen richte. Vielleicht verwechseln sie Gottes Geduld und *Gnade* mit seiner *Zustimmung*. Lieber richte ich meinen Blick auf die Männer und Frauen in der Bibel und in der großen Familie Gottes. Ich rufe mir ins Gedächtnis, dass sie sich alle in Gottes Gegenwart begeben haben, egal zu welchem Preis. Und sie taten es selbst dann, als sie die Einzigen in ihrer Generation waren, die so handelten. Wenn ich mir das vor Augen führe, weiß ich: Ich möchte lieber zu ihnen gehören als zu den anderen.

Vor einiger Zeit erlebten Gordon und ich eine Zeit, in der wir sehr gedemütigt wurden. Aber wir haben dabei viel gelernt. Dass wir viele Jahre lang täglich Gottes Nähe gesucht haben, hat uns sehr dabei geholfen, mit den Folgen unseres Versagens fertig zu werden. Was wir in guten Zeiten eingeübt hatten, hielt uns in schlechten Zeiten aufrecht.

In seinem kleinen Buch *Shadows on the Wall* schreibt F. W. Boreham von Gott als dem Anker unseres Lebens. Er behauptet, dass uns alles im Leben von ihm wegtreiben will:

> »Jeder Wind, der aufkommt, kämpft gegen den Anker an. Das Schiff wird hin und her gerissen. Egal aus welcher Richtung er kommt, aus Norden, Süden, Osten oder Westen, der Wind zerrt an der Kette, die das Schiff mit dem Anker verbindet. Ob Reichtum, Armut, Erfolg oder Misserfolg – sie alle zerren mit der gleichen Macht.«[2]

Geistliches Leben ist manchmal voller Widersprüche. Wir sollten uns dadurch nicht überraschen oder verwirren lassen. Auch wenn die Winde des Lebens versuchen, uns wegzutreiben, sollten wir jeden Tag neu beschließen, dem Herzen Gottes nah zu bleiben.

Denkanstoß

Manche werden sich fragen, wie so ein Einbruch geschehen kann, wenn man doch alles Wichtige zur Stärkung der Seele tut. Das ist eine berechtigte Frage. Aber Scheitern gehört zum Leben! Doch wenn wir vom Weg abkommen und vorher unsere geistlichen Übungen treu praktiziert haben, finden wir wesentlich schneller wieder auf den Weg des Gehorsams zurück. Haben die geistlichen Übungen heute ihren Platz in deinem Alltag?

Gebet für den Tag

Herr, ich breite mein Leben vor dir aus. Lass mich die Erde aus der Sicht des Himmels sehen. Heiliger Geist, erinnere mich daran, dass du mich dafür gemacht hast, den Gesetzen und dem Rhythmus der Schöpfung zu folgen. Ich möchte offen sein für deine Arbeit an mir und nicht dagegen kämpfen.

48. Die Chance ergreifen

So spricht der Herr, euer Erlöser, der heilige Gott Israels: »Ich bin der Herr, euer Gott. Ich lehre euch, was gut für euch ist, und zeige euch den Weg, den ihr gehen sollt. Ach, hättet ihr doch meine Gebote befolgt! Dann wäre euer Friede wie ein Strom, der nie versiegt. Euer Glück würde sich ausbreiten wie die Meereswellen.« (Jesaja 48,17-18)

Vielleicht findest du alles, was du bisher in diesem Buch gelesen hast, sehr einleuchtend. Und du siehst auch ein, dass du jeden Tag Zeit mit Gott brauchst, um »deine Klinge zu schärfen«. Aber auf der anderen Seite bist du ziemlich ratlos, wo du anfangen und wo du die Zeit hernehmen sollst. Das ist schwierig, ich weiß das. Junge Mütter haben Babys und/oder Kleinkinder, die ständig ihre Aufmerksamkeit brauchen. Berufstätige Mütter jonglieren mit den verschiedenen Anforderungen in Familie, Haushalt, Arbeit und Gemeinde. Frauen in der Mitte ihres Lebens haben viel Verantwortung und Verpflichtungen. Sie versuchen häufig, die Bedürfnisse sowohl der älteren als auch der jüngeren Generation unter einen Hut zu bekommen.

Jede von uns hat mehr als genug Gründe, die einen Start erschweren. Aber egal, wie eingespannt wir sind, wir können trotzdem im Laufe des Tages die Erfahrung von Gottes Gegenwart machen. Und wenn wir verletzt sind und Heilung brauchen, ist es unsere Gemeinschaft mit Gott, die uns aufrecht erhält.

Da mein Mann und ich eine Menge Zeit in Flugzeugen verbringen, haben wir dort oft die besten Gedanken. Einmal zeigte Gordon auf die Flugbegleiterin, die gerade den Gang entlang kam und Kaffee ausschenkte. »Schau, wie sie das macht«, sagte er.

Ich sah zu, wie die junge Frau jeden Fluggast bat, seine Tasse auf ihr Tablett zu stellen. Erst dann schüttete sie den Kaffee ein. »Ich nehme an, sie macht das deswegen so, weil sie dann bei einem plötzlichen Stoß nicht riskiert, dass jemand Kaffee auf die Kleidung bekommt«, sagte ich zu Gordon.

»Genau«, antwortete Gordon. »Und so ist das auch mit uns. Wir müssen unsere Tasse ›auf das Tablett‹ stellen, wenn wir sie vom Geist Gottes füllen lassen wollen. Wir brauchen die richtige innere Einstellung. Gott erwartet, dass unsere Herzen bereit und offen sind. Er wird sie nicht füllen, bevor wir sie ihm nicht ›auf dem Tablett‹ hinstrecken!«

François Fénelon schrieb 1689 eine Reihe von Briefen an eine vielbeschäftigte Herzogin. Ein Auszug aus einem der Briefe hört sich an, als hätte er ihn direkt an uns gerichtet:

> »Du musst lernen, den Augenblick zu nutzen! Wenn du auf jemanden wartest. Wenn du von einem Ort zum anderen gehst. Wenn du dich in einer Gesellschaft befindest, in der ein guter Zuhörer gefragt ist. Gerade in solchen Augenblicken ist es leicht, dein Herz zu Gott zu erheben und frische Kraft für deine weiteren Aufgaben zu bekommen. Je weniger Zeit man hat, desto besser muss man sie einteilen. Wenn du auf eine freie, passende Zeit wartest, um deine Pflichten zu erfüllen, riskierst du, sie für immer vor dir herzuschieben; besonders bei einem Leben wie dem deinen. Versuch stattdessen, alle Möglichkeiten zu nutzen. (...) Ein Augenblick reicht, um dich in Gottes Gegenwart zu begeben, ihn zu lieben und zu preisen. Ihm all das, was du tust und trägst, darzubringen und zu seinen Füßen die Gefühle deines Herzens zur Ruhe kommen zu lassen.«[3]

Vielbeschäftigt zu sein ist nicht nur ein Problem unserer Generation. Wir müssen langsam und mit kleinen Schritten beginnen. Schaff dir Momente, um deine »Klinge zu schärfen«, indem du zum Beispiel eine Viertelstunde früher aufstehst. Nimm dir zehn Minuten während der Mittagszeit. Konzentrier dich auf deine Hingabe an Christus, während du am Nachmittag mit dem Bus oder der Bahn von der Arbeit nach Hause fährst. Oder wenn du mit dem Auto im Stau stehst. Nimm dir eine halbe Stunde am Abend, die du sonst vor dem Fernseher verbringen würdest. Oder eine Viertelstunde am Ende des Tages, bevor du ins Bett gehst. Wir müssen Zeit finden, um unsere leeren Herzen auf Gottes »Tablett« zu stellen und sie füllen zu lassen.

Denkanstoß

Denk über die Gedanken des alten Philosophen Amiel nach:

> »Wir müssen Arbeit auch beiseite legen können, was nicht heißt, dass wir untätig sein sollen. Aber Untätigkeit, die gefüllt ist mit meditativen Gedanken und Aufmerksamkeit, glättet die Falten der Seele. Sie kann sich wieder ausstrecken, entfalten und neu erblühen. Wie bei dem niedergetretenen Gras am Wegrand oder dem beschädigten Blatt einer Pflanze können die Wunden heilen und sie wird neu, spontan, wahrhaftig und ursprünglich.«[4]

Was ist mit den Falten in deiner Seele?

Gebet für den Tag

Herr, ich habe Heimweh nach deiner Nähe. Ich habe sie erlebt und erkenne darum, was mir fehlt. Du weißt, wie oft ich das Gefühl habe, in Verpflichtungen zu ertrinken. Auch wenn es sich anscheinend um gute und wichtige Dinge handelt, können sie zur Ausrede werden, um keine Zeit mit dir zu verbringen. Jesus Christus, du bist derjenige, *den ich in meinem Leben am meisten brauche.* Aber du erzwingst meine Aufmerksamkeit nicht. Vielmehr wartest du liebevoll, bis ich meine Tasse auf dein Tablett stelle, damit du sie füllen kannst. Lass mich diese Erkenntnis heute in die Tat umsetzen. Und schenk mir ganz neue Freude an meiner Beziehung zu dir.

49. Gottes Blick für Details

»Mein Herr und Gott, dir vertraue ich. (...) Wenn ich niedergeschlagen bin und nicht mehr weiter weiß, kennst du noch einen Ausweg.« (Psalm 141,8; 142,4)

Gott sind die kleinen Details des Lebens wichtig. Das kann man in der ganzen Schöpfung immer wieder entdecken. Als es an der Zeit war, einen Tempel zu bauen, gab Gott dem Volk Israel genaue Anweisungen dazu, bis hin zu den Kleidern, die die Priester tragen sollten. Seine Instruktionen enthielten Details, die wir als völlig unwichtig bezeichnen würden. Aber für Gott waren sie wichtig. So forderte er zum Beispiel, dass der Saum des Obergewandes der Priester mit einer gewebten Kante verstärkt wird, damit er nicht einreißt *(2. Mose 28,31-32).*

Als ich darüber das erste Mal richtig nachdachte, war ich fasziniert. Warum war dem Gott des Himmels und der Erde die gewebte Kante eines Gewandes so wichtig? Ich habe daher den Ausdruck »Kantenmomente« in meinen Sprachgebrauch aufgenommen. Damit meine ich die Zeiten, in denen Gott die kleinsten Einzelheiten unseres Lebens in die Hand nimmt, damit wir davon profitieren und wachsen können.

Wir finden diese Aufmerksamkeit Gottes für Details noch an vielen Stellen in der Bibel. Zum Beispiel als Jesus die Jünger anwies, die Reste des Essens aufzusammeln, mit dem er fünftausend Menschen satt gemacht hatte: *»Sammelt die Krümel auf, damit nichts verkommt«*, sagte er. Ein »Kantenmoment«.

Auch in seiner Schöpfung stoßen wir immer wieder auf solche »Kleinigkeiten«. Ich kann mich noch an eine Reise zum Matterhorn in die Schweiz erinnern. Im Alpenführer lasen wir, dass es um das Matterhorn herum eine spezielle Form der normalen Hausfliege gäbe, die mit »Handschuhen und Stiefeln« (reichlich Haaren) ausgestattet sei, während Hausfliegen in wärmerem Klima keine Haare haben. Gott achtet auf jedes Detail – ein »Kantenmoment«.

Und Gott gibt selbst für die kleinsten Dinge, die wir in seinem Namen tun, Anweisungen. In der Bibel wird ein äthiopischer Eunuch namens Ebed-Melech erwähnt, weil er dem Propheten Jeremia etwas Gutes getan hat *(Jeremia 38,7-13)*. Ebed-Melech überzeugte den König des Landes, Jeremia aus einer tiefen Zisterne zu befreien, in der er gefangen gehalten wurde. Bevor Jeremia herausgezogen wurde, ließ Ebed-Melech Stofflumpen hinunter. Diese sollte Jeremia sich unter die Achseln legen, damit die Seile ihm nicht ins Fleisch schnitten. Der Gott, der sich um die Details kümmert, legte einem Mann ans Herz, sich um die Achseln eines anderen zu sorgen. Ein »Kantenmoment«.

Seit zwanzig Jahren sammle ich nun schon solche »Kantenmomente« in meinem Leben. Das ist ein entscheidender Grund, warum ich so große Ehrfurcht empfinde vor diesem Gott. Er ist etwas ganz Besonderes.

Vor einiger Zeit waren Gordon und ich zu einem Vortrag im Bethel-College. Bis zum folgenden Tag brauchte man in der Schweiz ein Foto von Gordon. Wir wollten es von dort hinschicken. Aber die Post teilte uns mit, dass die Adresse, die wir hatten, unvollständig sei.

Als wir nach dem Vortrag mit einigen Leuten sprachen, kam eine Frau auf uns zu und gab uns ihre Visitenkarte. Sie erklärte, sie käme gerade aus dem Ort in der Schweiz an den Gordon demnächst fahren würde. Sie bat ihn, ihre Karte mit einer Nachricht für einen Bekannten dorthin mitzunehmen. Es stellte sich heraus, dass der Empfänger auch unsere Kontaktperson war – und sie hatte seine vollständige Adresse! Außerdem bot sie uns an, das Foto zu Hause zu scannen und ihm noch am gleichen Tag per E-Mail zu schicken. Am späten Abend rief sie mich an. Sie teilte mir mit, dass unser Foto ohne Probleme in der Schweiz angekommen sei. Das war einfach unglaublich!

Unser Gott möchte uns Augen geben, die unter der Oberfläche bestimmter Situationen sehen können. Er geht mit uns durch die Schwierigkeiten des Lebens. Er schenkt uns Gnade und Trost, den Außenstehende meistens nicht begreifen können. Viel zu oft gehen solche Erfahrungen, die zeigen, dass Gott uns kennt, im Gewirr unserer Aktivitäten unter. Und das vor allem, weil wir uns nicht die Zeit nehmen, über sie nachzudenken und sie aufzuschreiben. Aber damit vergeben wir die Möglichkeit, seine Liebe gerade auch darin zu entdecken, wie er in den Kleinigkeiten für uns sorgt.

Denkanstoß

Schau noch einmal auf die letzten Tage zurück. Gab es da »Zufälle«, die du jetzt als Gottes Freundlichkeit dir gegenüber erkennen kannst? Schreib sie auf. Mach es dir zur Gewohnheit, jeden Tag neu die »Kantenmomente« zu entdecken. Jeder einzelne ist ein kleiner Liebesbeweis deines himmlischen Vaters. Ist das kein Grund, sich zu freuen und ihm zu danken?

Gebet für den Tag

Vater im Himmel, ich danke dir für all die Berichte in der Bibel, die zeigen, wie wichtig dir die Kleinigkeiten in meinem Leben sind. Gib meinem Herzen die Fähigkeit, diese Erfahrungen deiner Fürsorge im Alltag nicht zu übersehen. Ich möchte so noch viel mehr schätzen lernen, dass deine Hand mein Leben führt.

50. Gott erfahren in der Alltagsroutine

Mose hütete damals die Schafe und Ziegen seines Schwiegervaters Jitro. (...) (Da) erschien ihm der Engel des Herrn in einer Flamme, die aus einem Dornbusch schlug. (2. Mose 3,1-2)

Es ist interessant, die Bibel einmal daraufhin zu studieren, in welchen Situationen Gott seinen Dienern erscheint. Es wirkt vielleicht unpassend oder banal, aber meist geschieht es in ganz alltäglichen Zusammenhängen, wenn sie ihren normalen Pflichten und Aufgaben nachgehen.

Bereits in unserer Studienzeit haben wir angefangen, die Bedeutung dieses Prinzips zu begreifen: die tägliche Routine einzuhalten und die alltäglichen Pflichten zu erfüllen. Ein Freund von uns betreute eine kleine Gemeinde. Gordon hatte ihm versprochen, in einem Gottesdienst die Predigt zu übernehmen.

Das Wochenende rückte näher – und wir befanden uns gerade in einer schwierigen Situation. Wir sollten unsere kleine Wohnung am Montag danach räumen. Bis dahin waren es noch achtundvierzig Stunden und wir hatten bis zum gegenwärtigen Zeitpunkt keine neue Bleibe gefunden. Es blieb uns nur der Sonntag zur Suche. Da war die Versuchung groß, den Pfarrer anzurufen und den Termin abzusagen.

Für ihn hätte das jedoch viele Unannehmlichkeiten bedeutet. Er hatte nämlich geplant, an diesem Sonntag mit seiner Familie wegzufahren. Entweder musste er seine Familie enttäuschen oder sehr schnell jemand anderes finden. Aber schließlich befanden wir uns ja auch in einer schwierigen Lage. Sollten wir da nicht zuerst an uns denken?

Wir entschieden uns dagegen. Es war ein fester Bestandteil unseres Lebens, dass wir am Sonntag in den Gottesdienst gingen.

Ebenso gehörte es für uns dazu, dass wir in irgendeiner Weise an der Gottesdienstgestaltung beteiligt waren. Sei es als Prediger, als Mitarbeiter im Kindergottesdienst, als Helfer bei der Kleinkindbetreuung oder einfach als Ansprechpartner für die Gottesdienstbesucher. Es schien uns nicht richtig, mit dieser Gewohnheit zu brechen, obwohl wir uns tatsächlich in einer Notlage befanden. Wir hatten unser Wort gegeben. Also schoben wir unser Problem für eine Weile beiseite und gingen zum Gottesdienst.

Wir hatten ja keine Ahnung, dass wir in dieser kleinen Gemeinde die Antwort auf unsere Gebete finden würden!

Nach dem Gottesdienst begrüßte ich die Leute und bemerkte dabei eine Frau, die im Rollstuhl saß. Ich fühlte mich sofort von ihr angezogen, weil sie so fröhlich zu sein schien. Sie schien ein Mensch zu sein, der sein schwieriges Leben gemeistert hatte. Nachdem ich sie aus der Ferne beobachtet hatte, ging ich auf sie zu, um mit ihr zu sprechen.

Mein Eindruck von ihr wurde bestätigt.

Sie lud Gordon und mich sofort zu sich nach Hause zum Mittagessen ein. Ich dankte ihr, lehnte aber ab. Wir würden uns mit einem schnellen Hamburger begnügen müssen, erklärte ich ihr. Wir müssten nämlich in den nächsten paar Stunden irgendeinen Ort finden, an dem wir am Montag wohnen könnten.

»Das meinen Sie nicht ernst, oder?«, fragte sie.

»Doch«, antwortete ich, »es ist leider so.«

»Vielleicht habe ich das Haus, nach dem Sie suchen«, fuhr sie fort. Sie beschrieb mir ein kleines Häuschen, das ihr Mann gerade fertig renoviert hatte. Ein Häuschen mit einem eingezäunten Hinterhof (wir hatten einen zweijährigen Sohn und einen kleinen Hund!). Ein Häuschen mit einem Klavier, das sie gerne dort stehen lassen wollten (Gordon und ich spielten beide Klavier, hatten aber nie Platz für ein Instrument gehabt!). Ein Häuschen mit Einkaufsmöglichkeiten in der Nähe (wir hatten nur ein Auto). Ein Häuschen, das bezahlbar war (sie würden die Miete an unsere finanziellen Möglichkeiten anpassen). Ein Häuschen, das direkt von Gott kam. Er hatte eine Frau in einer kleinen Gemeinde, die wir eigentlich gar nicht besuchen wollten, als Vermittlerin benutzt. Wir hatten eine Wohnung gesucht. Gott überraschte uns mit einem Haus!

An diesem Wochenende hatten wir etwas sehr Wichtiges gelernt.

Und unser »Gewohnheits-Prinzip« hatte sich bewährt. Es besagt ganz einfach, dass man tun soll, was man sich im Gebet vorgenommen hat. Den Rest sollte man Gott überlassen. Man kann es auch anders ausdrücken: Du weißt, dass Gott dich dazu herausgefordert hat, bestimmte Entscheidungen zu treffen, eine konkrete Verantwortung zu übernehmen oder gezielt in eine Beziehung zu investieren. Dann halte daran fest! Lass dich auf keinen Fall von den anscheinend attraktiven Alternativen ablenken. Und dann sei gespannt darauf, wie Gott dich gerade in der Routine des Alltags mit seinen unverdienten Geschenken überrascht.

Denkanstoß

Ist es dir heute wichtig, deine Gewohnheiten und alltäglichen Verbindlichkeiten einzuhalten? Welche sind es? Wann musstest du dich entscheiden, sie entweder in Ehren zu halten oder stattdessen etwas anderes zu tun? Wie hast du das erlebt? Ist es nötig, dein Leben noch einmal daraufhin zu überprüfen und dein Denken und Tun zu korrigieren?

Gebet für den Tag

Herr, diese Gedanken sind unbequem für mich. Ich habe nämlich oft das Gefühl, dass ich nur noch von meinen Verpflichtungen bestimmt werde. Wenn sich mir plötzlich andere Möglichkeiten auftun, dann ist es so schwer, beim »ich sollte« zu bleiben, anstatt »ich möchte« zu tun. Aber ich sehe jetzt, dass du meine Verpflichtungen und meine Routine benutzen möchtest, um dein Bestes für mein Leben zu erreichen. Hilf mir dabei, mich nach der Weitsicht deiner Wege zu sehnen.

51. Die Atmosphäre prägen

Sechs Tage vor Beginn des Passafestes kam Jesus wieder nach Bethanien, wo er Lazarus von den Toten auferweckt hatte. Jesus zu Ehren hatte man dort ein Festmahl vorbereitet. Marta half beim Bedienen, während Lazarus bei den Gästen war. Da nahm Maria ein Gefäß mit kostbarem Salböl, goss es über die Füße Jesu und trocknete sie mit ihrem Haar. Der Duft des Öls erfüllte das ganze Haus. (Johannes 12,1-3)

Stell dir vor, du stehst mitten in einem Laden, in dem Kerzen oder Parfüms verkauft werden. Kannst du die Düfte riechen und die Atmosphäre spüren? Wenn wir uns in einem solchen Raum befinden, kann sich das total auf unsere Stimmung auswirken.

In dem oben zitierten Bibeltext tut Maria etwas Erstaunliches. Sie macht aus einem Abendessen einen Lobpreisgottesdienst. Die Aufmerksamkeit wandert weg vom Geruch des Essens hin zum Aroma der Anbetung. Maria hatte bereits Übung darin, die Aufmerksamkeit auf Jesus zu lenken. Immer wenn wir ihr in der Bibel begegnen, sitzt sie zu seinen Füßen. So auch in diesem Text. Sie war ganz und gar auf das konzentriert, was sie tat. Es schien ihr völlig gleich zu sein, was die anderen von ihrer Aktion hielten. Sie wollte ihren Herrn ehren, egal ob die anderen sich dadurch angegriffen fühlten. Ihr Publikum war nur »der Eine«. Sie drängte die anderen nicht und sie zwang sie auch nicht, mitzumachen. Sie handelte nur für sich selbst. Und Jesus bestärkte sie darin – sehr zum Erstaunen derer, die Kritik an ihr üben wollten.

Die anderen Leute am Tisch fanden ihr Verhalten lächerlich. Jesus aber stellte klar, dass Maria die Einzige war, die begriffen hatte, was vor sich ging! Jesus würde entsetzliche Schmerzen und Einsamkeit durchleiden und sterben. Marias Geste der Zuwendung würde Jesus ohne Zweifel bis ans Kreuz begleiten. Der in seinem Haar zurückbleibende Duft des teuren Parfüms würde ihn trösten.

Erklären kann ich es nicht, aber ich stelle immer wieder fest, dass Frauen dazu in der Lage sind, Atmosphäre zu schaffen. Es ist immer schon eine besondere Eigenschaft von Frauen gewesen, die Stimmungen anderer zu verstärken oder zu beruhigen, zu lenken oder zu korrigieren. Frauen können mit ihrem »Einfluss« andere auf den richtigen oder den falschen Weg bringen. Sie können sich dafür entscheiden, diese Gabe so zu gebrauchen wie Eva. Sie brachte eine gute Absicht zu Fall. Oder sie können handeln wie Esther. Sie führte eine brisante Situation zu einem guten Ende.

Gordon nennt mich oft das »emotionale Barometer« der Familie. Er erinnert mich gern daran, dass er und die Kinder nicht selten die Stimmung übernahmen, die ich gerade ausstrahlte. Ich könnte mich sicherlich verletzt fühlen durch Gordons Einschätzung. Man könnte auch sagen, dass dies zu viel Verantwortung bedeutet. Ich kann mich auch gut an ein paar Phasen unseres Lebens erinnern, in denen ich es als belastend empfand, für die emotionale Grundatmosphäre der Familie verantwortlich zu sein. Viel öfter aber habe ich meine Rolle als Privileg empfunden.

Ich finde es schön, was über die englische Mutter von Bischof Moule gesagt wurde: »Wenn sie den Raum betritt, wird es hell.« Oder den Kommentar eines Nordafrikaners über Lilias Trotter. Sie war Künstlerin und wurde später Missionarin in Algerien: »Sie strahlte Ruhe aus und konnte andere zur Ruhe bringen. Es ist wunderbar, in ihrer Nähe zu sein.«

Die meisten von uns werden John Wesley kennen, der im 18. Jahrhundert die methodistische Kirche gegründet hat. Aber wir wissen vermutlich wenig über seinen Bruder Charles, der viele Kirchenlieder komponiert hat. Professor David Lyle Jeffrey sagt in seinen biographischen Aufzeichnungen über Charles Wesley:

»Er war eine herausragende geistliche Persönlichkeit, was sich unmittelbar auf die übertrug, die sich mit ihm unterhielten. William Wilberforce ... war fasziniert von ihm. Er traf ihn 1786 im Haus von Hannah More, und seine spätere Beschreibung dieser Begegnung zeigt, was so besonders war an diesem Mann: (...) ›Als ich eintrat, stand Charles Wesley vom Tisch auf, kam auf mich zu und segnete mich feierlich. Ich war selten so berührt. Seine Art hatte eine derartige Wirkung auf mich, dass es mich überkam, und ich mich nicht mehr beherrschen konnte. Ich brach in Tränen aus.‹«[5]

Denkanstoß

Schau zurück auf die vergangenen zwei Tage. Bist du Menschen begegnet, die Einfluss auf deine Stimmung hatten? Haben sie dich positiv oder negativ beeinflusst? Erinnerst du dich an Zeiten, in denen deine Stimmung die Stimmung anderer bestimmt hat? Hast du »gute Absichten zu Fall gebracht« oder »schwierige Situationen gerettet«? Was hast du aus dem oben Gesagten gelernt? Schreibe ein paar Gedanken auf, um das, was du im Augenblick fühlst, als Erinnerung für später festzuhalten.

Gebet für den Tag

Jesus, hab zuerst Dank für die Art und Weise, in der du Maria damals unterstützt und geehrt hast. Du hast so gehandelt, obwohl sie eine Frau war und du anders geurteilt hast als alle im Raum. Danke für all die Zeiten, in denen du mich aufgerichtet und daran erinnert hast, wie viel ich dir wert bin. Denn du hast mich so gemacht, wie ich bin. Bitte hilf mir dabei, in den nächsten Tagen die Menschen dankbar wahrzunehmen, die versuchen, mein Leben zu bereichern. Indem sie mir Freundlichkeit schenken oder mein Herz leicht machen oder mir Hoffnung schenken. Und dann zeig mir, wie auch ich so ein Mensch werden kann.

52. Wege zu einer guten Atmosphäre

Täglich kamen sie im Tempel zusammen und feierten in den Häusern das Abendmahl. In großer Freude und mit aufrichtigem Herzen trafen sie sich zu gemeinsamen Mahlzeiten. Sie lobten Gott und waren im ganzen Volk geachtet und anerkannt. (Apostelgeschichte 2,46-47)

Ich mag den Gedanken, dass andere vom Heiligen Geist in uns profitieren, wann immer wir einen Raum betreten. Vorausgesetzt natürlich, wir pflegen eine lebendige Beziehung zu Jesus Christus. Diese Gabe des »Atmosphäre-Schaffens« ist dabei nicht unser Verdienst.

Ich liebe es besonders, eine gute Atmosphäre bei den Mahlzeiten zu verbreiten. Es ist wichtig, dass die Menschen, die wir lieben, unsere Freude spüren, mit ihnen regelmäßig am Tisch zu sitzen. Gemeinsame Mahlzeiten werden wegen der vollen Terminkalender leider immer mehr vernachlässigt. Aber sie sind eine wichtige Zeit, um die Werte der Familie an die nächste Generation weiterzugeben. Und sie sind eine gute Möglichkeit, miteinander im Gespräch zu bleiben.

Heute schauen unsere erwachsenen Kinder auf all die Erlebnisse und Erfahrungen rund um den Esstisch zurück und sind dankbar dafür. Beim gemeinsamen Abendessen haben wir darüber geredet, wie wir Jesus ähnlicher werden können, und uns gegenseitig angespornt. Für mich war die Atmosphäre genauso wichtig wie das Essen, das ich gekocht hatte. Als die Kinder klein waren, kamen sie manchmal mit schlechter Laune in die Küche. Dann habe ich sie höflich (und hoffentlich meist humorvoll) gebeten, die Küche zu verlassen und erst wiederzukommen, wenn ihre Laune sich gebessert hat.

Tischsets oder eine Tischdecke (um den Lärm zu dämpfen), frische Blumen oder bunte Gräser (um Farbe auf den Tisch zu bringen) und Kerzen machten jeden Abend zu einer kleinen Überraschung. Manchmal, wenn es nur ungeliebte Reste gab, habe ich einfach alle Lichter ausgemacht. Dann haben wir nur bei Kerzenschein gegessen. Solchen Mahlzeiten gab ich den Namen »italienische Nacht« (ich entschuldige mich bei allen Italienern)! Ich konnte meiner Familie einfach alles vorsetzen, wenn ich es ihnen nur als italienisches Gericht verkauft habe.

Vielleicht ist meine Vorliebe für Mahlzeiten der Grund dafür, dass der Arzt Lukas mein Lieblingsevangelist ist. Er hat in seinem Evangelium besonderes Gewicht auf die Routine der gemeinsamen Mahlzeiten gelegt. Jesus liebte und schätzte die Zeiten, die er mit Menschen bei Tisch verbrachte. Denn beim Essen waren sie sozusagen »entwaffnet«, und er konnte die Zeit besonders gut nutzen, um ihnen vom Reich Gottes zu erzählen.

Gordon und ich haben einige Jahre in Manhattan gelebt. Selbst wenn wir zum Essen ausgingen, haben wir uns bemüht, eine gute Atmosphäre zu schaffen. Die Menschen, mit denen wir uns im Restaurant trafen, sollten sich willkommen und angenommen fühlen. Wir haben oft erlebt, dass nach unserem Tischgebet eine Kellnerin oder ein Kellner auf uns zukamen, um uns zu sagen, dass sie auch Christen sind. Diese Menschen haben sich durch unseren Glauben ermutigt gefühlt. Man kann überall und zu jeder Zeit »Atmosphäre schaffen«!

Wir tun es immer dann, wenn wir bereit sind, von uns selbst wegzugehen und andere zu berühren. Um gesund zu sein, brauchen Menschen körperliche Nähe, manche mehr, manche weniger. Babys zum Beispiel sterben, wenn sie nicht gehalten und berührt werden. Viele allein stehende Menschen sehnen sich nach einer liebevollen Berührung. Und was ist mit all den Ehepaaren, bei denen die Kälte Einzug gehalten hat, weil sie sich so selten berühren? Gordon und ich sind immer wieder betroffen, wenn wir Ehepaare besuchen, die während der gesamten Zeit unseres Zusammenseins nicht den leisesten Ansatz zeigen, sich körperlich zu berühren.

Zurück zur Geschichte von Maria, die zu den Füßen Jesu kniet. Ihre liebevolle Pflege der geschundenen und schmutzigen Füße war ein Akt von freundlicher Zuwendung und Zärtlichkeit. Einige der Anwesenden fühlten sich davon abgestoßen. Jesus aber fühlte sich getröstet.

Irgendwo habe ich die Geschichte von einer Gruppe junger Medizinstudenten gehört, die ein Praktikum auf der Kinderstation eines Lehrkrankenhauses machten. Nach einiger Zeit konnte man feststellen, dass einer der Studenten bei den Kindern besonders beliebt war. Man versuchte herauszufinden, woran das lag.

Der Student wurde einen ganzen Tag lang bei allen seinen Besuchen begleitet. Es schien nichts Außergewöhnliches in seinem Verhalten zu geben. Aber am Abend wurde das Rätsel gelöst. Als das Licht auf den Zimmern gelöscht wurde, ging der Medizinstudent noch einmal zu jedem Einzelnen der Kinder und gab ihnen allen einen Gute-Nacht-Kuss! Er schuf damit eine gute Atmosphäre zum Einschlafen – ein Stück Sicherheit.

Denkanstoß

Fallen dir Gelegenheiten ein, bei denen du in der nächsten Zeit unter Freunden, in der Familie oder unter Kollegen Atmosphäre schaffen kannst? Wie kann man in diesen Umfeldern eine Atmosphäre bewirken, die Gott gefällt? Vielleicht ist es hilfreich, jemanden zu beobachten, der dies auf ganz natürliche Art und Weise tut. Man kann durch Zusehen eine Menge lernen. Frag nach! Und hör auf die Stimme Gottes.

Gebet für den Tag

Herr, wieder einmal fühle ich mich herausgefordert durch deine Art und Weise, Menschen zu erreichen, die dich noch nicht kennen. Mir fällt es sogar manchmal schwer, Menschen Zuneigung entgegenzubringen, die viel für mich getan haben. Vergib mir, Vater, dass ich ihnen so auch deine Liebe vorenthalte. Hilf mir dabei, das zu ändern. Stattdessen möchte ich ein Gefäß sein, in dem der Heilige Geist zu anderen Menschen getragen wird, um ihnen dein liebevolles Wesen zu zeigen.

Teil 6

Leben, lernen und weitergeben

Es ist Gottes Wunsch, dass unsere Erfahrungen, die schönen wie die schweren, eines Tages jemand anderem helfen können.

Oswald Chambers hat einmal gesagt, dass wir gut aufpassen sollen, wenn es dunkel ist in unserem Leben. Nur dann können wir etwas von Bedeutung sagen, wenn es wieder hell wird.

Wenn du gerade in einer Krise steckst – oder jemals in einer gesteckt hast – dann sollen dich diese Gedanken aufrichten und stärken. Eines Tages wird Gott deine schwierige Situation gebrauchen, um anderen Mut zu machen. Und eines ist ganz sicher: Er trägt dich zu jeder Zeit auf seinen starken Armen!

53. Ein ermutigender Kuss

»Seid vielmehr freundlich und barmherzig, immer bereit, einander zu vergeben, so wie Gott euch durch Jesus Christus vergeben hat. Weil ihr Gottes geliebte Kinder seid, sollt ihr in allem seinem Vorbild folgen.« (Epheser 4,32-5,1)

Der amerikanische Künstler Benjamin West pflegte seinen Freunden zu erzählen, dass seine Karriere mit dem Tag in seiner Kindheit begann, als seine vielbeschäftigte Mutter ihn bat, auf seine jüngere Schwester aufzupassen. In der Hoffnung, seiner Mutter eine Freude zu machen, beschloss Benjamin, sie bei ihrer Rückkehr mit einem Bild zu überraschen. Er versuchte, ein »Portrait« von seiner Schwester Sally zu malen.

Wie man sich vorstellen kann, sind frisch gebackene Maler (in diesem Falle ein kleiner Junge) nicht sehr umsichtig bei ihrer Arbeit. So war bald alles voller Farbe. Das Chaos, das Mrs. West bei ihrer Rückkehr vorfand, hätte die meisten Mütter wohl verzweifeln lassen. Aber Mrs. West reagierte weise und ignorierte es einfach. Stattdessen konzentrierte sie sich auf das Bild, das ihr Sohn gemalt hatte. »Aber Benjamin, das ist ja Sally!«, rief sie aus. Sie beugte sich nieder und gab ihrem Sohn, der vor Freude strahlte, einen Kuss auf die Backe.

Später kam Benjamin zu dem Schluss, dass dieser Kuss einen Maler aus ihm gemacht hat.

Vielleicht hat Benjamins Mutter nie wieder über diese Situation nachgedacht. Sie wäre sogar überrascht gewesen, wenn ihr jemand Jahre später gesagt hätte, dass diese einfache, instinktive Reaktion ihren Sohn dazu ermutigt hat, Künstler zu werden. Wie oft passiert es, dass wir einen wertvollen Beitrag zum Leben eines anderen leisten, ohne es überhaupt zu merken?

Wie viele Frauen und Männer hätten in ihrem Leben so dringend ein barmherziges Wort, eine tröstende Geste, eine bestätigende Berührung gebraucht? Aber sie haben sie nicht bekommen. Weil die Menschen um sie herum nicht einfühlsam genug waren zu bemerken, wie wichtig solche Anteilnahme gerade in Zeiten von Misserfolg oder Krisen ist.

Am sensibelsten ist man wohl für die Schwierigkeiten, die man selbst durchgemacht hat. Wenn du es zulässt, können deine bitteren Erfahrungen verwandelt werden in eine duftende Liebesgabe an Gott, zu einem bunten Strauß göttlicher Taten. Und so können sie auch zu einer lebensbringenden Ermutigung werden für die, die es am meisten brauchen.

Denkanstoß

Gibt es in deinem Umfeld jemanden, der gerade jetzt Verständnis und Bestätigung braucht? Jemanden, der gerade Kämpfe durchlebt, die du selbst schon erlebt hast? Denk zurück an deine eigenen »dunklen Stunden«. Welche Geste hätte dir gut getan? Geh auf diesen anderen Menschen zu. Denn du hast die besten Voraussetzungen, um ihm beim Aushalten des Schmerzes zu helfen.

Gebet für den Tag

Herr, ich bin dankbar für deine Treue. Erinnere mich an die Augenblicke, in denen ich Ermutigung brauchte, und lass mich nicht vergessen, wie sich das angefühlt hat. Ich möchte heute für .... ein lebendiges Beispiel deiner liebenden Treue sein. Lass mich für diesen Menschen deine Augen, deine Ohren und dein Herz sein, damit ihm geholfen wird.

54. In der Tiefe hören

»Als ich erfolgreich war und in Sicherheit lebte, dachte ich: Was kann mir schon passieren? Denn du, Herr, hast mein Königreich aufblühen lassen, alles hatte ich deiner Güte zu verdanken. Dann aber hast du dich von mir abgewandt, und mich packte das Entsetzen.« (Psalm 30,7-8)

Mir fiel es immer leicht zu glauben. Was Gott sagte, habe ich geglaubt. Darum habe ich dazu geneigt, Gott in eine nette kleine Schachtel zu packen. Ich war überzeugt davon, dass er außerhalb dieses Rahmens nicht handeln würde. Eines Tages jedoch geschah etwas, das nicht in mein Bild passte. Und das verunsicherte mich massiv. Ich hatte sicher nicht mit einem Leben ohne Leid gerechnet. Aber es war ein angenehmer Gedanke, dass ich nur der von Gott vorgegebenen Richtung folgen musste. Das würde mich dann vor solch tief greifenden Erfahrungen bewahren, wie ich sie aber nun gerade durchmachte. Und mit deren Konsequenzen ich mich auseinander setzen musste. Das war eine gefährliche Zeit.

Thomas von Kempen hat gesagt, dass zwei Dinge die Versuchung in uns groß werden lassen: ein unentschlossener Geist und zu wenig Vertrauen in Gott. Es hat lange gedauert, bis ich zugeben konnte, dass ich mit tiefen Zweifeln zu kämpfen hatte. Bibellesen fiel mir schwer; alleine Beten war ein einziger Kampf. Tief in mir gab es Fragen, die wahrzunehmen und auszusprechen ich mich fürchtete. Aber in dem Moment, in dem ich mein Misstrauen zugeben und es Gott nennen konnte, war der Weg frei. Ich konnte mich neu darauf einlassen, nach und nach wieder zu vertrauen, dass Gott *immer* gut ist. Und dass er aus allem etwas Gutes machen kann.

Darum ist es mir im Laufe der Jahre immer wichtiger geworden, Menschen als Vorbilder zu haben, deren Glaube tiefer ist als mein eigener. Menschen, die sich der liebenden Arme Gottes ganz und gar sicher sind. Sie haben Gott nicht in eine nette, nach menschlichen Maßstäben gefertigte Schachtel gepackt. Sie lassen Raum für seine Rätsel und Geheimnisse.

Eric Liddell hat alle möglichen Dinge erlebt, die zunächst sinnlos schienen. Man sagt, dass er einen für seine Zeit ziemlich merkwürdigen Laufstil hatte. Ian Charleson spielte in dem Film *»Die Stunde des Siegers«* die Rolle des Eric Liddell. Er erzählte, wie schwierig es war, diesen Laufstil nachzuahmen, denn Liddell lief mit dem Kopf im Nacken. Bei seinen ersten Versuchen kam Charleson ständig von der Bahn ab oder rannte andere Läufer um.

Am sechsten Filmtag endlich begriff Charleson, was der Grund für diesen besonderen Laufstil war. Er erinnerte sich daran, dass er in seiner Schulzeit zusammen mit anderen so genannte Vertrauensübungen gemacht hatte. Sie waren dazu so schnell sie konnten auf eine Wand zugerannt in dem Vertrauen, dass irgendjemand sie rechtzeitig stoppen würde. »Und plötzlich erkannte ich, dass Liddell genau das getan haben muss. Er muss mit zurückgelegtem Kopf gerannt sein und einfach darauf vertraut haben, dass er ankommt. Er lief im Glauben. Und er sah nicht einmal in die Richtung, in die er laufen musste.« Nur wenige wissen jedoch, dass Liddell sich gegen eine große Karriere als Athlet und die Aussicht auf ein ruhmreiches Leben in England entschied, um Missionar in China zu werden. Dort starb er noch ziemlich jung in einem japanischen Konzentrationslager an einem Gehirntumor.

Eric lebte und starb, wie er lief – mit nach oben gewandtem Kopf und in tiefem Vertrauen. Seine Lieblingsworte waren »völlige Hingabe« und »werde still, meine Seele«. Das letzte, was er zu Freunden sagte, war einfach: »Das ist sie, die völlige Hingabe.«

Ich bin ziemlich sicher, dass Liddell sich nicht ausgesucht hätte, als junger Mensch in einem Gefangenenlager zu sterben. Seine Kinder waren noch klein und wegen des Krieges war er weit weg von seiner Familie. Und trotzdem starb er in echtem Frieden. Warum? Weil er ganz tief darauf vertraute, dass Jesus Christus auf lange Sicht alles gut macht. Und weil er sein Leben vollständig dem Willen Gottes übergeben hatte.

Fénelon, der gut Liddells Lehrer für diese Fragen hätte sein können, schrieb zu diesem Thema: »Wenn es irgendetwas gibt, das die Seele wirklich frei macht, dann ist es die absolute Hingabe an Gott.«[1]

Liddell, Fénelon und andere gläubige Menschen waren für mich immer ein kostbares Geschenk. Sie halfen mir in meiner damaligen Situation zu erkennen, dass Gott mit meinem Leben das tun würde, was er für richtig hielt. Ich wollte aufhören, ihm das Schreiben des Drehbuchs abzunehmen. Ich musste meinen Mangel an Vertrauen bekennen und ihm absagen. Jetzt war ich bereit, *jedes* Wort von Gott in mein Leben zu integrieren und nicht nur die Worte, die ich verstand.

Denkanstoß

Vielleicht fällt es dir genauso schwer wie mir, deine Zweifel zuzugeben. Glaubst du daran, dass Gott mit ihnen umgehen und dich trotzdem bedingungslos lieben kann? Probier einfach mal aus, ob deine Zweifel nicht »verhungern«, wenn du deinem Glauben Nahrung gibst. Umgibst du dich eher mit Menschen, die versuchen, tiefer zu blicken? Oder mit solchen, die eher oberflächlich sind? Glaubst du, dass es einen Unterschied macht, auf wen wir hören? Wenn ja, dann überlege, was Gott von dir möchte. Auf welche »Stimmen« solltest du in Zukunft mehr hören?

Gebet für den Tag

Herr, manchmal möchte ich den Dingen auf den Grund gehen. Manchmal zögere ich, es zu tun. Hingabe – dieses Wort macht mir Angst. Aber trotzdem möchte ich mich deinem Willen unterwerfen. Lehre mich deine Wahrheit, wenn ich denen zuhöre, die in die Tiefe gegangen sind und dich dort gefunden haben. Lass mich von ihrer Weisheit lernen, dass ich dir völlig vertrauen kann.

55. Das Ja hinter dem Nein

»... denn alle Zusagen Gottes haben sich in ihm erfüllt. Und deshalb sprechen wir im Blick auf Christus und zur Ehre Gottes unser Amen.« (2. Korinther 1,20)

Vor zweihundert Jahren lebte ein Engländer mit Namen William Carey. Sein Lebenstraum war es, als Bauer in der Landwirtschaft zu arbeiten. Eine Hautkrankheit machte ihm einen Strich durch die Rechnung. Er musste einen neuen Beruf erlernen und wurde Schuhmacher.

Der Lehrmeister, der Carey anlernte, war zufällig ein gottesfürchtiger Mann. Er hatte sich mit Hilfe des Neuen Testamentes Griechisch beigebracht. Während seiner Ausbildung bekam Carey von Gott eine Vision geschenkt: Er sah, wie man die Welt evangelisieren könnte. So wurde aus dem *ursprünglichen Nein* zu seinem Lebenstraum schließlich ein *endgültiges Ja* Gottes. William Carey wurde zum »Vater« der modernen protestantischen Missionsbewegung.

Der Tod ihrer Schwester Betsie in einem Gefängnis der Nazis war ein brutales *Nein* für Corrie ten Boom. Aber es führte zu Gottes endgültigem *Ja:* Corrie ten Boom wurde in der ganzen Welt bekannt für ihr vergebendes Herz.

Als Joni Eareckson Tada bei einem Tauchunfall schwer verletzt wurde, war dies ein krasses *Nein* zu einem normalen Leben. Gottes endgültiges *Ja* war ein bemerkenswerter Dienst an den behinderten Menschen. Joni hat der Kirche in der ganzen Welt eine Verantwortung ins Bewusstsein gerufen, die vorher nie richtig gesehen worden war.

Linda, eine Freundin von mir und Frau eines Pfarrers hier in Neuengland, wusch in ihrem Keller Wäsche. Plötzlich kam ein Mann herein und stach ohne ein Wort zu sagen mit dem Messer auf sie ein, bis sie leblos zu Boden fiel. Ihr Mann war gerade bei einer Besprechung in der Kirche. Als er nach Hause kam, fand er Linda lebend, aber ohne Bewusstsein. Tagelang kämpfte sie mit dem Tod. Der Täter wurde bis zum heutigen Tag nicht gefunden. Linda überlebte und wurde wieder völlig gesund. Immer wenn jemand zu ihr sagte: »Gott ist gut, er hat dir das Leben gerettet!«, antwortete Linda: »Gott ist immer gut! Er wäre es auch dann gewesen, wenn ich gestorben wäre.« Dies war Gottes endgültiges *Ja* für Linda. Ihr Glaube hatte an Kraft gewonnen, weil sie während ihrer schweren Zeit Gottes Nähe gespürt hatte. Nie war ihr Vertrauen stärker!

Die Liste ließe sich noch beliebig fortsetzen. Ich kenne unzählige Menschen, die erfahren haben, dass Gott aus jeder Situation ein *Ja* machen kann.

Aber wir neigen dazu, ihm Bedingungen zu stellen. Deshalb halten wir oft am *anfänglichen Nein* fest, anstatt Raum zu lassen für das *endgültige Ja*.

Einmal besuchten wir eine Gemeinde in New Hampshire. Der Pfarrer erzählte die Geschichte zweier französischer Mädchen mit Namen Denise und Maria. Denise fiel eines Tages beim Spielen in einen Teich. Maria schaffte es, ihre langen Haare zu fassen und ihren Kopf über Wasser zu halten bis Hilfe kam. Die Presse hörte von Marias Heldentat und wollte sie interviewen. »Hat diese Geschichte dein Leben irgendwie verändert?«, wurde sie gefragt. Ihre Antwort: »Denise will nicht mehr mit mir spielen! Sie sagt, ich habe sie an den Haaren gezogen.«

Manchmal scheint Gott uns an den Haaren zu ziehen. In Wirklichkeit rettet er gerade unser Leben. Ein Gedanke, den man nur dann verstehen und schätzen kann, wenn man tief innen Ausschau hält nach dem *endgültigen Ja*.

Denkanstoß

Welche Geschichte, die ich erzählt habe, spricht dich besonders an? Hältst du wie die oben erwähnten Menschen Ausschau nach dem *»Ja«*, das hinter dem *»Nein«* steckt? Schreib die *Ja's* auf, die so leicht in Vergessenheit geraten, und danke Gott für sie. Was kannst du tun, um mehr nach dem *Ja* zu suchen als am *Nein* festzuhalten?

Gebet für den Tag

Herr, ich danke dir für all die Menschen, die mein Denken in neue Bahnen gelenkt haben. Durch sie habe ich entdeckt, wie du in unserem Leben wirkst. Vergib, wenn ich im Nein stecken bleibe und mich vor der Zukunft fürchte. Ich denke dann, dass das nächste Unheil schon auf mich wartet. Ich möchte bereit werden, das Nein hinter mir zu lassen, damit ich dir für das Ja danken kann.

56. Das eigene Herz kennen

»Was ich dir jetzt rate, ist wichtiger als alles andere: Achte auf dein Herz, denn es beeinflusst dein ganzes Leben!« (Sprüche 4,23)

Schon in meiner Teenager-Zeit, als ich gerade Christ geworden war, habe ich darum gebetet, dass mein Herz sensibel für die Bedürfnisse anderer wird. Gott hat mir diese Bitte in vielerlei Hinsicht erfüllt. Aber in einer Hinsicht hatte ich dadurch auch schwere Kämpfe. Es machte mir nämlich große Probleme, mir selbst gegenüber ehrlich zu sein und meine eigenen Bedürfnisse zuzugeben. Viel zu oft habe ich die Starke gespielt, obwohl ich mich eigentlich schwach gefühlt habe.

Vor vielen Jahren musste ich dieser Tatsache dann ins Auge sehen. Damals begann unsere Tochter Kristy mit ihren Planungen für das College. Sie freute sich darauf, mit einer engen Freundin zusammenzuziehen. Eines Abends sagte ich zu ihr: »Ihr beide werdet noch nicht einmal Heimweh haben, so eng ist eure Beziehung.« Kristy antwortete darauf: »Du hast Recht, Mama. Wir sagen das auch jeden Tag. Für uns wird es kein Heimweh geben.« Autsch! Diese scheinbar so harmlosen Worte taten weh! Aber warum nur? Sollte ich meinen Schmerz jetzt einfach wegdrücken und schnell zum nächsten Thema übergehen? Sollte ich mich selbst streng ermahnen, endlich erwachsen zu werden? Das ganze »geistlich« zu betrachten? Nicht so eine besitzergreifende Mutter sein?

Nein! Es war Zeit, mir selbst gegenüber sensibel zu sein und der Wahrheit ins Gesicht zu sehen. Hatte ich nicht immer dafür gebetet, dass meine Tochter eine solche Freundin bekommen möge? Ja, das hatte ich. Hatte ich nicht gewusst, dass auch unser zweites und letztes Kind das Nest irgendwann verlassen würde? Natürlich. Warum war ich dann so traurig, als Kristy mir fröhlich erklärte, dass sie wunderbar ohne ihr Zuhause und ohne ihre Mutter auskommen würde?

Ich verließ Kristys Zimmer, um erst mal meine Gedanken und Gefühle in den Griff zu bekommen. Nachdem ich vor mir selbst zugegeben hatte, was ich fühlte, kehrte ich zurück. Ich beschloss, dass es Zeit für ein offenes Geständnis war, damit wir in Zukunft ehrlicher miteinander umgehen konnten.

Um meine Gefühle und mein Verhalten zusammenzubringen, musste ich erst einmal beide Stimmungen in mir abwägen. Auf der einen Seite stand die Traurigkeit darüber, Kristy zu verlieren. Auf der anderen Seite war da meine Freude über die fröhliche Erwartung unserer Tochter auf den neuen Lebensabschnitt.

Kristy war in ihrem Zimmer. Sie hatte ihre Unterlagen auf dem Bett verstreut und versuchte, vor dem Bett kniend, zu lernen. Um ihr beim Reden in die Augen blicken zu können, musste ich mich auf der anderen Seite des Bettes hinknien.

»Kristy, ich möchte dir sagen, was ich im Augenblick fühle. Ich glaube, dass es nicht nur für mich, sondern auch für dich wichtig ist. Auch du wirst vielleicht einmal Mutter sein und dasselbe durchmachen, wie ich jetzt. Ich möchte nicht, dass du mich als einen Roboter ohne Gefühle siehst, als einen Menschen, der alles im Griff hat. Sondern ich möchte, dass du mich verstehst als jemanden, der jeden Tag neu darum kämpft zu begreifen, was in ihm vorgeht.«

Kristy hörte mir zu und ich fuhr fort: »Du weißt, dass ich immer um eine Freundin für dich gebetet habe, die dich so wie du bist versteht und schätzt. Ein Teil von mir ist dankbar für die Erfüllung dieses Gebetes. Der andere Teil in mir ist traurig, weil ich dich dadurch langsam verliere. Ich weiß, dass ich dich nicht *wirklich* verliere, aber es fühlt sich so an.«

Und dann liefen mir die Tränen. Kristy kam ganz instinktiv

zu mir und nahm mich in den Arm. »Oh, Mama, mache ich es dir so schwer?«, fragte sie.

»Nein, gar nicht«, antwortete ich. »Das muss so sein. Aber ich möchte, dass du es weißt. Ich musste mein jüngstes Kind noch nie gehen lassen. Es könnte sein, dass es mich zerreißt. Ich hoffe, du kannst mir helfen, indem du Geduld mit mir hast. Du sollst wissen, dass ich versuche, mein Bestes zu tun. Und ich möchte, dass du nie vergisst, wie dankbar ich dafür bin, dass du Freundschaften schließt und für eine Zukunft planst, in der du mehr und mehr zu dem werden wirst, wozu Gott dich bestimmt hat.«

Da saßen wir zwei Frauen, eine jüngere und eine ältere, Mutter und Tochter, eng umschlungen und erlebten einen der zärtlichsten Momente gegenseitigen Verstehens, die nur die Liebe uns geben kann. Und ich wusste: Kristy war geborgen in den Armen, die immer und ewig da sind. Das würde mich trösten.

Denkanstoß

Wie reagierst du, wenn du eine Situation erlebst, die der oben beschriebenen ähnlich ist? Verdrängst du deine Gefühle oder lässt du sie an einem sicheren Ort an die Oberfläche kommen? Beschreib die Gefühle, die diese Geschichte bei dir auslöst. Sag Dank für die Zeiten, in denen du einem geliebten Menschen gegenüber aufrichtig warst – auch auf die Gefahr hin, nicht verstanden zu werden. Bitte Gott um den Mut, immer ehrlicher mit dir selbst und mit anderen zu werden.

Gebet für den Tag

Herr, es gibt wenig, was mir mehr bedeuten könnte, als solche kostbaren Erfahrungen. Sie sind selten. Aber vielleicht könnten sie häufiger vorkommen, als ich es zulasse. Hilf mir dabei, die Gelegenheiten für solche Intimität und Nähe zu den Menschen, die ich liebe, nicht zu verpassen. Denn dadurch kann ich die Beziehung zu ihnen und zu dir vertiefen.

57. Echte Freundschaft

»Ach, solche Worte habe ich schon oft gehört. Ihr alle habt nur schwachen Trost zu bieten! Hört dein hohles Gerede niemals auf? Was reizt dich so, dass du mir ständig widersprechen musst? Auch ich könnte reden so wie ihr, wenn ich an eurer Stelle wäre! Ich könnte euch dann schöne Reden halten und weise mein Haupt schütteln. Mit meinen Worten würde ich euch stärken und euch mein Beileid aussprechen.« (Hiob 16,2-5)

Eine der entscheidendsten Einsichten, die ich gewonnen habe, ist der große Wert wahrer Freunde. Ich meine damit Freundschaften, die auf Gegenseitigkeit beruhen. Wo man einander hilft und tröstet, wenn es nötig ist.

Zum ersten Mal haben wir das vor vielen Jahren erlebt, als unsere damals zweijährige Tochter Kristy aus Versehen Terpentin getrunken hatte. Nach Luft ringend wurde sie auf dem schnellsten Wege ins Krankenhaus gebracht. Ich hatte mich noch nie so hilflos gefühlt. Als Pfarrer erhielt Gordon normalerweise uneingeschränkten Zutritt zur Intensivstation. Aber plötzlich wurde ihm der Zutritt verwehrt. Uns wurden lediglich fünf Minuten im Abstand von zwei Stunden erlaubt. Und wir wussten, dass dort drinnen Kristy um ihr Leben kämpfte. Die Ärzte sagten uns, es würde vierundzwanzig Stunden dauern, bis sie die Folgen absehen könnten. Die Möglichkeiten reichten von Tod, einer Schädigung des Gehirns, Nierenversagen bis hin zur völligen Genesung.

Auch wenn es mehr als dreißig Jahre her ist: Wir beide können uns noch lebhaft an die Männer und Frauen erinnern, die kamen, um mit uns zu warten. Ein Gebet, eine Umarmung, eine

Tasse Kaffee, wenn nötig Stille. Sie waren einfach bei uns ... ohne schnelle Antworten, ohne Schuldzuweisungen, ohne Erklärungen. Sie kamen – und gaben sich selbst.

Gott sandte Hesekiel zu einer Gruppe von jüdischen Exilanten, die am Fluss Kebar in Babylon lebten. *»Ich war verstört und niedergeschlagen«,* erinnert sich Hesekiel. *»Denn was der Herr mir gezeigt hatte, lastete schwer auf mir. (...) Ich blieb sieben Tage lang bei ihnen – wie betäubt von dem, was ich gesehen hatte« (Hesekiel 3,14-15).* Als Hesekiel dort mit ihnen saß, war er gezwungen, das zu fühlen, was sie fühlten. Seine gesamte Haltung änderte sich dadurch.

Als Hiobs Freunde kamen, um ihm in seinen vielen Schmerzen beizustehen, schienen sie genau das zu sein, was er brauchte. Sieben Tage lang waren sie einfach nur da. Saßen schweigend an seinem Bett. Aber in dem Moment, in dem sie begannen, die ganze Not seines Schmerzes zu fühlen, und begriffen, dass es darauf Antworten gab, wurde aus ihrem Trost für Hiob ein Ärgernis.

Schließlich schrie er sie in einem Moment völliger Frustration an: *»Seht mich an« (Hiob 21,5).* Oder: *»Fühlt meinen Schmerz mit, ich bin nur ein Mensch wie ihr.«* Hiob kam sich ganz und gar verlassen vor.

Vielleicht machten Hiob und seine Umstände die Freunde unsicher und sie behandelten ihn deshalb auf diese Weise. Wie sollten sie sicher sein, dass sein Schicksal nicht auch ihnen widerfahren würde? Konnten sie sich »anstecken« wie bei einer Seuche?

Von diesem Zeitpunkt an waren sie mehr daran interessiert, sich selbst zu trösten, als ein Trost für Hiob zu sein. Was sie hier sahen, stellte ihre bisherige Vorstellung von der Realität total infrage. Wenn sie das zu nah an sich heranließen, könnten ihre Theologie und ihr Glaube durch diese Situation erschüttert werden. Es gab dafür keine schnelle und einfache Erklärung. Also begannen sie aufgrund ihrer eigenen Angst mit Hiob über Ursache und Bedeutung seiner Krankheit zu diskutieren, anstatt ihm als Mensch nahe zu sein.

Für sie stand fest, dass Gott es nicht zulassen würde, dass frommen und vollkommenen Menschen (wie sie es waren) so etwas zustoßen würde. Damit war wohl alles klar. »Also, Hiob«, so schienen sie zu sagen, »gib zu, was du falsch gemacht hast (dann brauchen wir uns keine Sorgen zu machen, dass uns das auch passiert)!«

Das war kein Trost. Das war das absolute Gegenteil. Und bei aller Empörung über Hiobs Freunde entdecke ich mich selbst in ihnen wieder. Viel zu oft habe ich versucht, mein eigenes Unbehagen über unerklärliches Leid zu verringern, anstatt dem anderen still in seiner Trauer und seinem Schmerz beizustehen. *Ohne immer eine Antwort parat zu haben!*

Wie gut ist es, Freunde an seiner Seite zu haben. Freunde, die wissen, was zu tun und was zu lassen ist, besonders in Zeiten von Leid und Schmerz.

Denkanstoß

Denk an Gespräche, die du mit jemandem geführt hast, der sich in einer Leidenssituation befand. Pflegst du Freundschaften mit Menschen, die solche wahren Tröster sein können? Was fällt an ihrer Fähigkeit zuzuhören und zu trösten besonders auf? Hast du ihnen jemals gesagt, was sie dir bedeuten? Erfüllt es dich mit Freude, weil du für andere solch ein tröstender Freund sein konntest oder gerade sein kannst?

Gebet für den Tag

Großer Gott, ich danke dir für Hiob, für sein Leben und Leiden. Danke für das, was ich daraus lernen kann. Hilf mir am heutigen Tag dabei, sorgsam mit Menschen umzugehen. Hilf mir zuzuhören, anstatt Ratschläge zu geben. Jesus, du kannst in die Herzen der Menschen schauen. Schenk auch mir die Fähigkeit dazu, wenn ich mit unerklärlichem Leid um mich herum konfrontiert werde.

58. Die Geschichte dahinter

»Lasst das Wort Christi seinen ganzen Reichtum bei euch entfalten. Achtet darauf, dass es bei euch richtig verkündigt und verstanden wird. Ermutigt und ermahnt euch gegenseitig, und dankt Gott von ganzem Herzen mit Psalmen, Lobgesängen und Liedern, die euch der Heilige Geist schenkt. Ihr habt doch Gottes Gnade erfahren.« (Kolosser 4,16)

Ich liebe es, zusammen mit einer begeisterten Gemeinde Gott zu loben und zu preisen. Die Mischung aus Lobpreisliedern und alten Kirchenliedern bleibt bei mir nie ohne Wirkung: Ich fühle mein Herz zum Himmel erhoben.

Vor einiger Zeit saß neben mir im Sonntagsgottesdienst eine junge Frau, die ich sehr mag. Wir hatten gerade das Lied *»It Is Well With My Soul«* (Meiner Seele geht es gut) gesungen, da lehnte sie sich zu mir herüber und flüsterte: »Ich mag eigentlich keine alten Kirchenlieder. Aber dieses hier liebe ich, weil ich die Geschichte kenne, die dahinter steckt.« Dieser Satz weckte in mir den Wunsch, auch die Geschichten anderer Kirchenlieder kennen zu lernen. Ich war so begeistert, dass ich meine neue Entdeckung gleich überall erzählte.

Drei solcher Geschichten habe ich in diesem Buch bereits wiedergegeben. Ich habe aus ihnen etwas Wichtiges gelernt: Ein großer Teil aller Kirchenlieder entstand aus großem Schmerz und Leid heraus. Trotzdem sind sie voll von Hoffnung. Und sie werden getragen von der Überzeugung, dass Gottes Treue größer ist als alle Herausforderungen, die das Leben mit sich bringt. Bedeutende Kirchenlieder spiegeln die Verheißungen Gottes wider, deren Erfüllung die Liederdichter erfahren haben. Es hat mich wirklich verändert, als ich die Hintergründe vieler Lieder erfuhr. So zum Beispiel die Geschichte hinter dem Lied *»Children of the Heavenly Father«* (Kinder des himmlischen Vaters).

Carolina (Lina) Berg war Schwedens berühmteste Liederdichterin. Sie wurde am 3. Oktober 1832 in Froderyd als Tochter eines Gemeindepfarrers geboren. Aufgrund einer mysteriösen Lähmung war sie ans Bett gefesselt. Die Ärzte konnten nichts für sie tun und hielten sie für einen hoffnungslosen Fall.

Eines Sonntags, Lina war zwölf Jahre alt, gingen ihre Eltern in den Gottesdienst und ließen sie allein zuhause. Sie sollte sich ausruhen. Sie verbrachte die Zeit im stillen Gebet. Als ihre Eltern nach Hause kamen, war Lina angezogen und lief im Haus herum. Unfassbar! Von diesem Zeitpunkt an begann sie zu schreiben. Mit sechzehn Jahren veröffentlichte sie ihre erste Sammlung mit Liedern und Gedichten.

Das vielleicht bekannteste Lied von ihr ist eben *»Children of the Heavenly Father«*. In Schweden ist dieses Lied eines der bekanntesten aus dem ganzen Gesangbuch. Der Großvater meines Mannes starb friedlich, während seine Frau und ihre acht Kinder die unzähligen Verse dieses Liedes für ihn sangen. Ein paar davon möchte ich hier zitieren:

»Kinder des himmlischen Vaters sind wir;
dürfen uns bergen an seiner Brust.
Kein Vogel im Nest und am Himmel kein Stern
hat von solcher Zuflucht jemals gewusst.

Gott nährt und umsorgt die, die zu ihm gehör'n,
und in seiner Nähe sie blüh'n und gedeih'n.
Er schützt und bewahrt sie vor aller Gefahr.
Sein Arm trägt und hält sie, so bleiben sie sein.

Nicht Tod und nicht Leben und nichts auf der Welt
die Kinder vom himmlischen Vater je trennt.
Er lässt seine Gnade sie jeden Tag seh'n.
Und all ihre Sorgen er kennt.«[2]

Ich bin der festen Überzeugung, dass es sehr wichtig ist, dass unsere Enkel und noch deren Enkel neben den neuen geistlichen Liedern auch die alten Kirchenlieder kennen und schätzen lernen. Denn wenn ihre Einsichten und Wahrheiten musikalisch »eingebettet« sind in unseren Herzen und Gedanken, können wir uns in Zeiten der Verzweiflung von ihnen tragen lassen. Sie werden uns Kraft zum Durchhalten geben. Deshalb wäre es sehr traurig, wenn sie in Vergessenheit gerieten. Darum sollten wir sie mit Freude weitergeben!

Denkanstoß

Kennst du auch eine solche »Kirchenlied-Geschichte«, die ein bestimmtes Lied für dich lebendig gemacht hat? Wenn du das Singen dieser alten Lieder bisher langweilig gefunden hast, dann wird es Zeit für eine Auseinandersetzung mit der Geschichte der Kirchenlieder. Denn mit ihrer Hilfe kann Gott dein Herz weit machen für sich und seine Ziele mit dir. Vielleicht gibt es in der Gemeindebibliothek oder bei Freunden ein Buch über solche Geschichten, das du einmal lesen könntest. Das wäre ein guter Start für eine aufregende Entdeckungsreise!

Gebet für den Tag

Herr, ich gebe zu, dass mir die alte Sprache in vielen Liedern manchmal zu schaffen macht. Weck in mir den Wunsch herauszufinden, wie du durch alle Generationen hindurch die Musik als Brücke zu den Menschen benutzt hast. Herr, und dann verändere mein Herz.

59. Ein tröstender Freund werden

»Mit mir ist der Geist des Herrn, weil er mich berufen hat. Er hat mich beauftragt, den Armen die frohe Botschaft zu bringen. Den Gefangenen soll ich die Freiheit verkünden, den Blinden sagen, dass sie sehen werden, und den Unterdrückten, dass sie bald von jeder Gewalt befreit sein sollen. Jetzt erlässt Gott alle Schuld.« (Lukas 4,18-19)

In diesem Text beschreibt Lukas, wie Jesus das Ziel seines irdischen Auftrags mit den Worten Jesajas zusammenfasst. Ich möchte einfach mal die Verben aus dem Text herausgreifen, die etwas über Jesu Tun sagen: Er ist gekommen, um zu trösten, zu retten, zu befreien und zu heilen. Sollten aber die, die ihm nachfolgen, all dies nicht auch tun? Genau das war wohl der Traum Jesu Christi. Viele Generationen nach ihm sollten diese Aufgabe in noch größerem Maße erfüllen, als er es getan hat.

Jesus zeigt uns an sich selbst, was einen tröstenden Freund ausmacht. So sagt er Petrus in der Nacht seiner Vernehmung im Voraus, dass dieser ihn verleugnen würde. Er warnte Petrus vor dessen Versagen. Aber er verhinderte es nicht. Das ist ganz entscheidend! Jesus wollte sicher nicht, dass dies passierte. Aber *er ließ Petrus seinen Fehler machen.*

Im Anschluss an die Ankündigung von Petrus' Verleugnung sagt Jesus: *»Seid ohne Sorge, habt keine Angst« (Johannes 14,1).* Meiner Ansicht nach ist es kein Zufall, dass diese Worte gerade zu diesem Zeitpunkt gesprochen wurden. Jesus sah über die Fehler hinaus auf die Möglichkeiten, die dahinter lagen. Er sah bereits die Zeit vor sich, in der Petrus aus dem Fehler gelernt haben würde. Jesus, der tröstende Freund, hat in langen Zeiträumen gedacht – vor, während und nach dem Scheitern. Die meisten von uns tun das nicht.

Man fragt sich, wie oft Petrus wohl in den folgenden Jahren an diese Nacht zurückgedacht haben mag, als Jesus ihn vor dem Unheil warnte und versprach, für ihn zu beten. Es muss für ihn eine große Lektion darin gewesen sein, wie sehr Jesus ihn liebte und sich um ihn sorgte.

Nicht jeder ist fähig, solch ein Freund zu sein. Viele wissen gar nicht, wie man wirklich tröstet. Manche haben Angst davor, es überhaupt zu versuchen.

Ich habe einmal eine Freundin nach ihren Erfahrungen gefragt, nachdem ihr Haus bis zu den Grundmauern abgebrannt war. Waren ihre Freunde für sie da? Einige schon, sagte sie. Andere, die sie für enge Freunde gehalten hatte, verloren nicht ein Wort darüber. Diese Vermeidungsstrategie machte aber alles viel schlimmer. Denn meine Freundin hatte so den Eindruck, dass ihnen ihr Unglück egal sei. Tatsächlich konnten sie wohl damit nicht umgehen. Sie wussten nicht, was sie sagen sollten. Sie hatten keine Antworten zu bieten und fühlten sich deshalb unzulänglich.

Es gibt Zeiten, in denen es schwer fällt, Trost zu spenden. Dann sollten wir uns klar machen, dass eine Umarmung, eine Berührung, ein kurzes Gebet oder sogar eine kurze Bemerkung wie: »Ich weiß nicht, was ich sagen soll, aber ich denke an dich«, ungemein hilfreich sein können.

Was jeder Einzelne in einer solchen Situation braucht, wie er es ausdrückt und wie er getröstet werden möchte, das ist bei jedem anders. Ich wünsche mir in Krisen, dass ein paar Freunde mit mir durch meine dunklen Zeiten gehen. Aber sie dürfen mich auf keinen Fall bemitleiden. Ich möchte, dass sie mir Mut machen, dem Schmerz ins Auge zu sehen und ihn auszuhalten.

Ich kenne aber auch Menschen, die es vorziehen, den Schmerz für sich zu behalten. Sie möchten allein gelassen werden in ihrer Angst. Wenn du so jemanden kennst, dann versichere ihr oder ihm, dass du da bist, wenn du gebraucht wirst. Dass du ab und zu hereinschaust und kleine, Mut machende Nachrichten schickst. Ich habe allerdings noch nie jemanden getroffen, der nicht körperliche Nähe und Gebet brauchte, um sicher zu wissen, dass es ein Leben jenseits dieser Tage in der Dunkelheit gibt.

Es ist beeindruckend, dass Jesus keinen Versuch unternahm, von seinen Jüngern Sympathiebekundungen zu bekommen, als die schweren Stunden am Kreuz näher rückten. Was er jedoch *wollte*, war ihre Nähe: »Wacht mit mir« und »Betet mit mir.«

Ein tröstender Freund kommt zu dir und bietet sich als Begleiter in Schmerz und Verzweiflung an. Er hält keine Predigten, gibt keine Plattheiten von sich und macht keine Analysen der Situation. Er sagt nicht: »Siehst du, das habe ich dir doch gleich gesagt.« Aber er gibt sich selbst.

Denkanstoß

Geh in Gedanken zu den Menschen, die du liebst. Welche Art tröstenden Freund brauchen sie? Gibt es im Augenblick schwierige Situationen, die du gemieden hast? Einfach weil du unsicher bist, wie du dich als tröstender Freund verhalten sollst? Was willst du tun, um dieser Angst und den Gefühlen der Unzulänglichkeit zu begegnen?

Gebet für den Tag

Danke, Herr, dass wir dein Vorbild haben, wenn andere unseren Trost brauchen. Danke, dass du hinter das lächelnde Gesicht blickst und die traurige Seele, das zerbrochene Herz, die Abhängigkeiten siehst. Ich möchte deinen Durchblick für diese Dinge haben. Aber ich muss zugeben, dass ich mich auch davor fürchte. Ich sehne mich nach deiner unvergleichlichen Liebe, die meine Angst überwindet. Nur so kann auch ich einer von den tröstenden Freunden in deiner Nachfolge werden.

60. Gott enttäuscht seine Kinder nicht

»Seht her, ich lege in Jerusalem einen Stein, an dem man sich stoßen wird, und ein Hindernis, über das sie stürzen werden. Wer aber an ihn glaubt, wird leben.« (Römer 9,33)

Ich werde nie den Tag vergessen, an dem ich Grace Fabians Geschichte hörte. Sie erzählte, wie Gottes liebevolle Arme sie in den Monaten gehalten haben, nachdem ihr 83-jähriger Ehemann ermordet wurde.

Edmund und Grace Fabian gingen 1959 nach Papua-Neuguinea, um die Bibel in die Sprache der dort ansässigen Bevölkerung zu übersetzen. Die Inseln wurden zu ihrer Heimat. Sie zogen vier Kinder groß und widmeten sich mit Hingabe dem Ziel, die verschiedenen Stammessprachen zu erlernen.

Am 29. April 1993 arbeitete Edmund allein mit seinem Sprachassistenten an einer Übersetzung von 1. Korinther 13, dem berühmten Kapitel über die Liebe. Plötzlich zog der Einheimische eine Axt aus der Tasche und schlug Edmund damit nieder. Er war sofort tot. Als sein Assistent befragt wurde, konnte er nur sagen, dass er von Stimmen im Kopf geplagt worden war. Diese hatten ihn dazu getrieben, die Gewalttat auszuführen.

Grace, die im Nebenraum arbeitete, war diejenige, die Edmund fand. Monatelang litt sie daran, dass diese Situation immer und immer wieder vor ihren Augen ablief. Keiner von uns kann sich die Qualen vorstellen, die sie in den ersten Tagen durchmachte. Immer wieder fragte sie sich, ob und wie sie ohne Edmund als Ehemann und Leiter überhaupt weitermachen konnte. Der einzige Trost war, dass die Familie in dieser Situation noch enger zusammenwuchs.

Unmittelbar vor seinem Tod hatte Edmund ein Buch von C. S. Lewis gelesen, der Titel lautete *Wunder.* Ironischerweise hatte Grace ein anderes Buch zu demselben Thema gelesen: *Wenn das Wunder nicht geschieht* (When There Is No Miracle). Nach seinem Tod wollte sie schreien: »Oh, Edmund, du hast dein Wunder bekommen (du bist in der Gegenwart Christi). Aber ich bin leer ausgegangen.«

Sie beklagte sich bei Gott und fragte: »Was soll ich tun?« Immer wenn sie in Edmunds Büro an seinem Computer saß, kamen die schmerzlichen Erinnerungen wieder. Aber sie hatte gelernt, alles zu Gott zu bringen. So rief er ihr wichtige Bibelstellen wieder ins Gedächtnis. Dadurch ließ er Grace spüren, wie seine starken Arme sie hielten, als sie es am meisten brauchte.

Als Erstes fiel ihr eine Geschichte von Elisa ein *(2. Könige 6).* Die syrische Armee hatte die Stadt Dotan mit Pferden und Streitwagen umzingelt. Elisas Diener war entsetzt und stellte die gleiche Frage wie Grace: *»Was sollen wir jetzt bloß tun?« (Vers 15).*

Elisa betete: *»Bitte, Herr, öffne ihm die Augen!« (Vers 17).* Und als Gott dem Diener die Augen öffnete, sah dieser, dass um sie herum alle Berge und Hügel mit Pferden und Streitwagen besetzt waren, die Elisa beschützten. Die Macht Gottes war größer als jede menschliche Stärke.

Dann kam Grace das Gleichnis von den anvertrauten Talenten *(Lukas 19)* in den Sinn. Sie fragte Gott: »Warum war der Besitzer so hart zu dem Mann mit dem einen Talent?« Die Antwort, die sie bekam, lautete: »Weil er es nicht einmal *versuchte*!«

Daraufhin nahm Grace noch einmal ihr Lieblingsgebet zur Hand, aufgeschrieben auf einem der vielen Zettel, die in ihrer Bibel lagen:

»Herr, sende mich, wohin du willst,
aber bitte geh mit mir.
Lege mir auf, was du willst,
aber bitte gib du mir die Kraft dafür.

Zerschneide jedes Band, das mich mit anderen verbindet, nur nicht das Band zu deiner Sache und zu deinem Herzen.«

David Livingstone

Ihr wurde klar, dass Gottes Kraft mit ihr war. Sie konnte nichts anderes tun, als es wenigstens zu versuchen. Der oben zitierte Vers aus dem Römerbrief war kurz zuvor in die Stammessprache übersetzt worden. Grace machte ihn sich ganz zu Eigen. Sie wollte nicht enttäuscht sein von ihrem Gott. Die Übersetzung in die Nabak-Sprache konnte vollendet werden, wenn sie sich von Gottes Kraft helfen ließ.

Sobald wieder ein Teil der Übersetzung fertig gestellt war, brachte Grace ihn ins Gefängnis und später auch auf die psychiatrische Station, auf der Edmunds Mörder lebte. So konnte er Trost daraus schöpfen, dass die Arbeit weiterging. Grace spricht ganz frei von ihrer Freude darüber, dass er Gottes Vergebung für den Mord an Edmund annehmen konnte. Solche Dinge kann allein Gott in uns wirken.

Schließlich war die Übersetzung fertig. Im September 1998 gab es ein großes Fest. Die fertige Bibel wurde dem Volk der Nabak feierlich überreicht. Es gab sogar eine Versöhnungsfeier zwischen Familie Fabian und dem Clan des Mannes, der Edmund umgebracht hatte. »Wir wurden mit einem tränenreichen Ritual in ihren Clan aufgenommen. Jetzt haben wir neue Schwestern, Brüder, Tanten und Onkel.«

Viele von uns hätten vielleicht in einer solchen Zeit ihr Vertrauen in Gott verloren. Sie hätten nicht mehr daran geglaubt, dass seine starken Arme uns halten und tragen. Dazu Grace: »Leid und Tod werden *nicht* das letzte Wort haben. Nicht einmal eine Axt kann uns von der Liebe Gottes trennen.« Auch sie hatte ein Wunder erlebt. Gott gab ihr innere Kraft und das Wissen um seine Gegenwart. Daraus schöpfte sie den Mut, um die unlösbar scheinende Aufgabe in Angriff zu nehmen und zu bewältigen. Und gleichzeitig konnte sie sich voller Vergebung dem Mann zuwenden, der ihren Ehemann getötet hatte! So kann man nur leben, wenn man sich ganz von *Gottes starken Armen* tragen lässt! Um es mit den eindrücklichen Worten von Grace zu sagen: »Ich bin nicht enttäuscht von meinem Gott.«[3]

Denkanstoß

Das war die letzte Andacht in diesem Buch. Die Geschichte, die in ihr erzählt wird, bringt alle Teile des Buches zusammen. Was sagt dir das Zeugnis von Grace? Wie willst du in Zukunft reagieren, wenn das Leben schwer wird? Ist dir klar geworden, wie wichtig es ist, die Bibel nach Trost und Richtung zu durchforschen? Oder willst du dich auch weiterhin mit der Meinung anderer zufrieden geben? Kannst du dich an dem Wissen festhalten, dass Gottes starke Arme dich immer tragen und halten werden, egal was passiert?

Gebet für den Tag

Herr Jesus, ich empfinde Ehrfurcht vor dem, was du im Leben dieser Frau getan hast. Danke, dass du diese schlimme Situation dazu gebraucht hast, das Gute für dein Reich voranzutreiben. Das hat mich auch in anderen Beispielen in diesem Buch ermutigt. Bitte erinnere mich an Glaubensvorbilder wie Grace, wenn ich mich wieder einmal über die kleinen Dinge beklagen möchte, die in meinem Leben falsch laufen. Ich gebe mich dir ganz hin, Herr Jesus. Danke, dass du mich annimmst.

ANMERKUNGEN

Teil 1: Ein Blick in das Herz Gottes

[1] Amy Carmichael, *Rose from Brier,* Christian Literature Crusade, Fort Washington, Pa. 1955, S. 151
[2] Joni Eareckson Tada, *Holiness in Hidden Places,* Verlag Nelson, Nashville Tennessee 1999, S. 69-70
[3] Aus der Normandie 1912, Franz von Assisi zugeschrieben
[4] François Fénelon, *Spiritual Letters to Women,* Verlag Zondervan, Grand Rapids Michigan 1974, S. 264
[5] Oswald Chambers, *Mein Äußerstes für sein Höchstes,* Berchthold Haller Verlag, Bern 1950, S. 157
[6] Robert K. Brown und Mark R. Norton, *The One-Year Book of Hymns,* Verlag Tyndale, Wheaton Illinois 1995, 26. September
[7] Amy Carmichael, S. 19-20
[8] Harold Begbie, *The Life of General Booth, Vol. 1,* Verlag Macmillan, New York 1920, S. 302
[9] Thomas von Kempen, *De Imitatione Christi – Von der Nachfolge Christi,* in einer Übers. aus dem Lat. von Friedrich Eichler, Kösel-Verlag, München 1966, S. 47

Teil 2: Der Schmerz als Verbündeter

[1] Amy Carmichael, *Toward Jerusalem,* Christian Literature Crusade, Fort Washington, Pa. 1936, S. 85
[2] Nicholas Woltersdorff, *Klage um einen Sohn,* Vandenhoeck & Ruprecht, Göttingen 1988, S. 91-92
[3] Brown und Norton, 8. März
[4] Brown und Norton, 8. März
[5] Michael Quoist, aus den Notizen der Autorin (Quelle unbekannt)
[6] Brigid Hermann, *Creative Prayer,* Verlag Forward Movement, Cincinnati Ohio, S. 39
[7] C. W. Hall, *Samuel Logan Brengle,* Salvation Army, Chicago 1933, S. 89
[8] Père Didon, zitiert in Amy Carmichael, *Whispers of His Power,* Verlag Revell, Old Tappan New Jersey 1982, S. 198-199

Teil 3: Mut zur Suche nach dem richtigen Weg

[1] Amy Carmichael, *Gold by Moonlight,* Christian Literature Crusade, Fort Washington, Pa. 1951, S. 71
[2] Ruth Graham, *Ruth Bell Graham's Collected Poems, Footprints of a Pilgrim,* Verlag Baker, Grand Rapids Michigan 1951, S. 16
[3] Fénelon, S. 129

[4] Gigi Tchividjian, *Thank You, Lord, for My Home,* Verlag World Wide, Minneapolis 1980, S. 96
[5] James D. Knowles, *Memois of Ann H. Judson,* Verlag Gould, Kendall and Lincoln, Boston 1849, S. 100
[6] Knowles, S. 174
[7] Morton Kelsey, *The Other Side of Silence,* Verlag Paulist, Mahwah New Jersey 1976, S. 199
[8] E. Stanley Jones, *The Way,* Verlag Abingdon-Cokesbury, New York 1946, S. 197
[9] Lloyd Ogilvie, *God's Best for My Life,* Verlag Harvest House, Eugene Oregon 1981, S. 8, 10, 15-16
[10] Brown und Norton, 16. Januar
[11] Begbie, S. 289
[12] James Buchan, *The Expendable Mary Slessor,* Verlag Seabury, New York 1981, S. 25

Teil 4: Wege zur Vergebung

[1] J. Danson Smith, *Springs in the Valley,* Verlag Zondervan, Grand Rapids Michigan 1938, S. 41
[2] John Perkins, *Let Justice Roll Down,* Verlag Regal, Ventura/Californien 1983, S. 205
[3] Phyllis Thompson, *D. E. Hoste,* Verlag Lutterworth, London 1947, S. 121
[4] Bob Considine, *Could You Have Loved This Much?,* aus: Reader's Digest, April 1966, S. 73-75

Teil 5: Den eigenen Rhythmus finden

[1] Anne Morrow Lindbergh, *Muscheln in meiner Hand,* R. Piper Verlag, München Zürich 1983, S. 51
[3] F. W. Boreham, *Shadows on the Wall,* Verlag Epworth, London 1922, S. 44
[3] Fénelon, S. 16
[4] Edward England, *An Unfading Vision,* Verlag Hodder and Stoughton, London 1982, S. 53
[5] David Lyle Jeffrey, *A Burning and a Shining Light,* Verlag Eerdmans, Grand Rapids Michigan 1987, S. 252-253

Teil 6: Leben, lernen und weitergeben

[1] Sally Magnusson, *Die Stunde des Siegers* (Video)
[2] Brown und Norton, 1. Februar
[3] Grace Fabian, *Through It All With Jesus, Story of Edmund and Grace Fabian,* Video, produziert von den Wyclif Bibelübersetzern 1998